运河光阴志

拱墅区大运河文化研究院 编
周华诚 主编

西泠印社出版社

《运河光阴志》编辑委员会

主　任：王志勇

副主任：陈琳娜

委　员：周　佳　孙昌建　陈曼冬　王　寒　许丽虹
　　　　张小末　半　文　于　佳　宛小诺　李　晚
　　　　章衣萍　郑国芬　邱仙萍　何婉玲　松　三
　　　　吴卓平　张晓飞　金夏辉

主　编：周华诚

序

京杭大运河,在桨声船影里流淌了千年。

元代时,马可·波罗沿运河旅行,将杭州描绘为"天堂之城",运河成为杭州享誉世界的一张重要名片。20世纪80年代,很多老杭州人记忆犹新的日常,便是骑着自行车沿运河一路过桥,最终奔入工厂。

在当时,以杭一棉、浙麻、杭丝联、大河造船厂等工业大厂为中心,拔地而起的一座座容纳着宿舍、食堂、运动场、学校、医院和电影院的"生活小镇",成了运河两岸独有的景致,一条河串起了一座城的生活记忆。

2014年6月22日,中国大运河成功入选世界文化遗产名录,至今已十年。尤其自大运河(杭州段)综合保护工程实施以来,这条黄金河道迸发出崭新的生命力。石桥、流水、人家恢复了往日的繁华与生机,当小船缓缓驶过,历史的涟漪悄然而过,每一道波光,都将过去与现在紧密相连,折射出千年的光芒,照耀着属于这座城的浪漫篇章。

运河的杭州故事,生机勃勃、历久弥新。因此,在《运河光阴志》中,一群作家行走于运河两岸,共同书写了二十四个水、城、人相融共生的当下故事,如二十四节气一般,诗意地串联起一条河的时令之美、人情之味、自然之魂、文化之蕴。恰如一位诗人所写,"要写运河,就不能只写运河。要写沿河的柳色,拱宸桥下的余波;要写千年历史融进河水的延绵;要写游览的脚步热烈而急切;要写下一次的遇见。"

在杭州,运河已不仅仅是一条物理意义上与历史维度中的河流,更是一条文化之河、生活之河、记忆之河。波光云影间,大运河孕育出了漕运文化、非遗文化、戏曲文化、美食文化以及美好生活的诸多波澜……这条河,守候着传统的回响,更引领着国际的汇流。

这是一条从不孤独的长河。

目录

依水而生

他的独弦弹出了无数人的暖意 / 003

大运河的"脸色",他都懂 / 013

青梅时光二十年 / 022

每一粒米,都不将就 / 032

千年再等一回 / 044

事事是小事,日日皆好日 / 053

六十岁以后的一百个人生第一次 / 062

流动的风景线 / 071

流淌的盛宴

时间在拱宸桥上眨眨眼 / 085

她一开口,便是整个江南 / 096

气味里的一隅幽谧 / 106

皮毛之上,功夫不止一点皮毛 / 115

喵喵喵喵喵,大叔在小河直街画猫 / 126

方寸之间,清风徐来 / 134

繁华深处

一个人的武林夜市外史 / 147

心之所往，星河滚烫 / 156

露营是春天的正确打开方式 / 167

1986，划着皮艇去北京 / 177

亚运公园的花间雅事 / 186

上塘河上，如梦不是"梦" / 195

大河小鲜

煮时行云流水，吃也一气呵成 / 209

老巷，"酱"人，杭州味道 / 218

一笼人间碳水 / 226

山外事外事 / 236

依水而生

他的独弦弹出了无数人的暖意

王寒

【手艺人,靠的是口碑。童师傅脾气好,手艺好,价钱公道,走到哪,老客户跟到哪。】

1

三伏已至末伏,夏天就要收尾,杭州依旧高温,好在早晚已有些微的凉意。

弹花匠童正华五点半就起床了,开始一天的忙碌。夏天是弹棉花的淡季,手头的活并不多,不用起得那么早,但早起是童师傅做学徒起就养成的习惯，一到这个点就自然醒，醒来就躺不住，躺不住就干活。"有活干就有精气神"，童师傅说自己这辈子就是干活的命，只要有事做，心里头就踏实。

再过十来天就是开学季，这阵子童师傅弹的，是住校生的被褥，弹得像云朵一般蓬松暄软，盖起来才舒服。干完这一拨活，旺季就要来了。9月中下旬，天气一转凉，大清早，卷帘门一打开，就有顾客上门了。

童师傅的店在拱墅区锦园小区门口，卷帘门上方是大字招牌——"大树路童师傅棉花加工店"，招牌上还特别强调，"正宗新疆棉花，出售订做"。

童师傅从十五岁起，就跟着父亲走街串巷弹棉花。弹棉花是童家"祖传"的手艺，从太公开始，一直弹到他这一代，一把弹花弓，养活了四代人。"做手艺，吃得饱"，这是童家的治家格言，也是他们选择这门手艺的理由。

童师傅是金华兰溪人，读了四年半的书，小学没毕业，就开始下地干活。先是放牛，再是种田，挣点微薄的工分。

那时种的是双季稻，第一季的稻种下地后，有一段空闲时间。勤快的父亲就会挑着工具出门，走村入户给人家弹棉花，童师傅背着比人高的弹花弓，紧跟在后面。

父子俩从老家一直做到临安、做到江西，再做到上海、江苏。父亲没骗他，有手艺真的有饭吃。在家吃不饱，出门弹棉花，吃住都在主人家，一天吃五顿——正餐之外还有两顿点心。吃完马上干活，没有喘息的时间。弹一床棉花胎，要经过钩棉、弹花、整花、压花、牵纱、压胎等工序，费工三四个小时。父子俩配合默契，从早到晚，"嘣嘣嘣"的弹棉声响个不停，一天干下来，能弹四五床棉花胎。

做完一个月，就到夏天。那时还是人民公社时期，夏天是抢收早稻、抢种晚稻的"双抢"时节，必须回去参加生产队的劳动。"双抢"一过，才可以继续出门。夏天是淡季，活少，就算出门也挣不来几个钱。秋天一到，冷空气一来，翻新被子的人就多起来。从秋到冬，辛苦三个月，弹完几百条被子，兜里揣着钱，踏踏实实回家过年。过完元宵节，再出门找活。

2

童师傅1986年到杭州，那一年他十九岁。农村已经分田到户，农民有了自主权，出门赚钱也不再受约束。

跟着父亲干了四年，从打下手到独当一面。祖传的技艺全学到手，就可以单干了。童师傅带着小徒弟一起到杭州。弹棉花是手工活，弹花、网线，需两人配合。

童师傅和徒弟背着弹花弓，手提弹花槌，挑着纤维板，沿着马路牙子在杭州的大街小巷吆喝，"弹棉花的嘞——"

那时杭州城都是老房子矮房子，师徒俩在马路边一吆喝，听到声响的阿婆，就会请童师傅上门来弹棉胎。掇几条长凳到院子或空地上，支上纤维板作台板，就开工了。白天干活，晚上就近找地方住，几个人拼间，住一晚，两块五。

20世纪八九十年代，是童师傅赚钱的黄金时代。杭州城的东西南北中,他都弹了个遍,直至弹到桐庐、富阳一带。

在没有空调、地暖、电热毯、取暖器的年代,棉花扛起了保暖的重任。在童师傅的记忆中,冬天比现在冷,屋檐会挂下长长的冰凌,过年前总会下几场雪,西湖也会结冰。大人小孩捂得严严实实,戴着棉帽,穿着棉袄棉裤,手上套着棉手套,脚上蹬着棉布鞋。床上铺着棉垫被,盖着厚棉被。哪里都少不得棉,就是嫁女儿,陪嫁中也要有棉被,少的五六条,多的二十来条,在婚床上堆得高高的,摞得越高,证明家境越殷实。条件好的,还要再添几条丝绵被。

活多得干不完,年轻,手巧,动作麻利,体力也好,再累,睡一晚,第二天一早,照样生龙活虎。弹一床棉花胎,加工费两块多。如果做的是喜被,童师傅会在上面用红线拼个红双喜。

童师傅给我看过他祖传的吃饭家伙:一把木制的弹花弓,上面紧绷着羊肠线做的弦;一个敦厚的木压盘,背面有把手,乌桕木的材质,已经传了四代,用多了,有一层包浆,油光锃亮;一把檀木做的弹花槌;一条圆形的牵纱篾。四大件各司其职:弹花弓把棉花弹松弹散;弹花槌用来击打弓弦;牵纱篾相当于织布的梭子,织出经纬交织的棉胎网;压阵的是木压盘,把弹松的棉花压实压紧。

1993年,原本走街串巷招揽生意的童师傅,租房开起了棉花店,在杭州有了相对稳定的落脚点。天空露出鱼肚白,就起来干活,一干干到大半夜,月亮早已挂上树梢头。他买来小弹花机,自配了电动机——有小弹花机,干活可以省点力。旧被胎弹起来灰很大，一天下来，灰头土脸，眉毛胡子都是白的。童师傅从鼓楼、城隍牌楼开始开店，开到大关、机神新村、濮家新村、馒头山一带。在文二路求智巷，他的店开得最久，一开就是十五年。

手艺人，靠的是口碑。童师傅脾气好，手艺好，价钱公道，走到哪，老客户跟到哪。客户跟滚雪球一样，越积越多。他不愁没活干，只愁活干不完。

那时候，不单童师傅，杭州城里的弹花匠，生意都很好。干得好的话，一天能赚到两三百元，而那时的房租，也就三百元一个月。

3

童师傅在文二路求智巷弹了十五年的棉花，弹到边上的小区居民全认识他，弹到房东不再出租房子为止。

2013年，童师傅离开城西，来到市中心，在锦园小区门口的一家小店面"安营扎寨"。店面不过二十平方米，租金却要四万五千元，童师傅一咬牙，还是租了下来。

这一带住户多，弹棉花的需求特别大，有人一抱就是五六条。多的时候，工房里堆了两三百条棉花胎，从地上一直叠到天花板，放都放不下，弹好的棉花胎只好摞在店门口。当年送上门的棉花胎，当年弹不光，总会剩几十条，到次年才能弹完。新客户接二连三来，老客户也从没断掉，老客从城西、从临安、从富阳摸过来，扔下棉花胎就走，不催不问，只说尺寸在里头，弹好了来取。他们信得过童师傅的人品和手艺。

童师傅弹棉花弹出了名，社区的热心阿姨打电话给《都市快报》，说小区门口开店的童师傅，态度毛好嘞，手艺毛好嘞，请他弹一床棉花胎，要排队两个多月。《都市快报》派记者来采访，报纸一登，生意更好了，全城的人都跑来找他弹棉花。这是2016年。

老底子的杭州人，对棉被有执念。有个阿婆，拿来一条"盖龄"八十年的棉被找童师傅，说是自己祖上用过的，是传家的被子。童师傅说，年代这么久了，都成文物了，棉花也结块了，不如换条新的，也花不了几个钱。阿婆不肯，说，祖宗留下来的棉花，孙子用，不会生毛病。

眼看着等待翻新的棉花胎越堆越多，童师傅一咬牙，花了一万五千元，买来磨盘机和新的弹花机，手工作业变成了半机器半手工，节省了体力，也节约了时间。童师傅感叹机器的厉害：棉被盖久了，硬绷绷的，手工弹，弹不匀，弹不透，费时又费力；机器一上马，不但速度快，弹得也更匀称。

虽说有了机器，但头尾的工作还得童师傅亲手做。拆掉旧被胎里的棉纱，把旧被胎放进机器，出来的就是蓬松的棉花。用木棍卷成棉花棒，再把棉花均匀摊到棉纱网上，用竹篾挤出空气，再用木压盘压实。弹棉花讲究"三分弹，七分磨"，用了一百多年的木压盘派上了大用场，反复磨压，磨得棉胎中间厚四周薄，保暖效果才好。

整个过程，需要将近一个小时。比起全部手工，节省了两个多小时。

4

弹了这么多年的棉花,童师傅早就练就了一双火眼金睛,只要远远瞟一眼被子,童师傅就知道用的什么棉,质量好不好。他说,棉花分本花和洋花两种。本花就是土种棉花,产量不高,20世纪80年代以前的棉花胎大多是本花。洋花就是洋种棉花,从外国引进的品种,产量高。本花硬,洋花软。洋花盖着更舒服。他说,正宗的蚕丝被盖在身上不会打滑,会打滑的是掺了尼龙丝的蚕丝被。

童师傅人聪明,弹棉花学得快,方言也学得快,到杭州不过几个月,就能说一口流利的杭州话,儿化音也说得很溜,与阿婆们交流毫无障碍。兰溪话、杭州话、上海话、普通话,他无缝切换。他说上海话比杭州话更好学,他到上海弹了一个月棉花,就学会了上海话。

童师傅刚到杭州时,城里只有棉花被、蚕丝被,现在各种被子层出不穷,大豆被、化纤被、羊毛被、鸭绒被、鹅绒被、太空被……花样多得嘞!童师傅想不明白,被子不都是由棉花做的吗?怎么大豆也可以做被子了?这叫棉花"情何以堪"。

来童师傅店里的,大多是五六十岁的人,七八十岁的也不少。老人盖了一辈子的棉花被,觉得再也没有比棉花被更好的被子了,吸湿保暖不说,用硬了,翻新了接着用,用薄了,添点棉花再用,用久了,当垫被还能用,儿子用了孙子还能用。

年轻人来店里不多，他们图方便。钱多的买鸭绒被、鹅绒被，钱少的网上买床大豆被，大豆被用了一两年，硬了，扔掉，再买一条，他们才懒得抱床被子出来弹。

从十九岁到杭州，一直到疫情前，童师傅的棉花加工生意一直很好。疫情三年，生意减半，一直到现在，生意也没见好转。房租连年涨，他租的这间小房子，从四万五涨到将近六万。房间很小，放了弹花床、磨盘机、弹花机，就很逼仄了。为了省钱，童师傅晚上就睡在弹花床上，他舍不得花钱另外租房。

他一个人撑起一家店，独自干活，独自做饭。如果活多，干到晚上十一二点，到点就睡；如果活不多，他就窝在弹花床上看看电视刷刷手机，"棋牌室麻将室，我从来不去的，小来来也不来，进进出出总有输赢，输了钱总归是肉痛的，赚的是辛苦铜钿，不好乱花的。"

童师傅对杭州城里的棉花店了如指掌，疫情前，杭州城里还有三十八家棉花店。这几年，房租涨了，生意差了，年纪大的弹花匠，也干不动了，索性回老家了。城里的棉花店，越来越少，剩下的不到二十家。光今年上半年，就走了五六家。

挣钱也越来越难了。弹棉花的价格十几年没变过，机器弹，两块五一斤，手工弹，十四块一斤，棉纱线另算钱，而物价年年都在涨。童师傅说，四十年前，油条两分钱一根，拌面五分钱一碗，一碗就管饱，现在拌面一碗七块钱，两碗都吃不饱。他租过的房子，从两块五一天（日结），到三四百元一月，再到四万五一年，直到现在的近六万元。淡季的时间变得越来越长。

杭州的黄梅天，有一个月，这一个月只有稀稀拉拉几个顾客，大热天里，有时一天生意也就一单两单，但店门不能关，房租还得照样交，"赚的钱一大半交了房租"。

弹棉花是手艺活，也是辛苦活，一站就是一整天。他带的六七个徒弟，全都改行了，学艺中途跑掉的还不算。童师傅能坚持到今天，一半为了祖传的手艺，一半为了自己的孩子。两个女儿都是大学生，他刚把大女儿体体面面地嫁出去，婚被是他亲手做的，两床垫被，四条棉被，春夏秋冬各一条，还有两条丝绵被。他说，还有小女儿要供呢。

"无锣无鼓去打醮，无池无水去钓鱼，无箫无笛声音好，无云无雨雪花飞"，说的是弹花匠。听上去很有诗意，但干这一行的，没有诗意，只有苦累。

因为常年劳累，童师傅的身体大不如前，动了两场手术。人家劝童师傅歇歇，童师傅说，小女儿还在读大学，歇不得。

从十五岁弹棉花，一直弹到五十八岁，童师傅一弹就是四十多年。他是传统的手艺人，也是城市发展的见证者。他喜欢杭州这个城市，几十年间，他走过杭州的东西南北角，看着这个城市一点一点变大，一点一点长高，一点一点变美。他来杭州的时候，清泰立交桥还没造好；凯旋路过去一点，都是农田；钱塘江两岸都是沙渚；贴沙河的一边全是菜地，夏天常有人一个猛子扎进河里游泳；滨江还不叫滨江，是萧山的一部分；没有二桥、三桥和四桥，只有钱塘江大桥，联结起钱江两岸；那时所巷大树路还属于下城区（下城区今已划入拱墅区）。现在，那些农民都成了市民。而他依旧当他的弹花匠。

他在杭州生活的时间比在老家更长,他喜欢西湖的波光粼粼,也喜欢运河的烟火气息,喜欢不远处堤柳成行、树影婆娑的贴沙河,也喜欢杭州的人情味——夏天弹棉花时,经常有人给他送来西瓜、葡萄、绿豆汤。他大半生的美好记忆,很多是关于杭州,关于运河的。

弹了四十多年的棉花,童师傅弹过的棉花胎少说也有十多万条。像他一样的弹花匠渐渐老去,城里的棉花店也越来越少。不过,童师傅相信,只要大地上还种着棉花,只要还有人用着棉花被,这门手艺就不会消亡。

大运河的"脸色",他都懂

李晚

【拖轮的船长,就像开飞机的机长一样,在乡里乡亲眼中也显得格外英姿飒爽。】

第一次跟杨英伟对话那天,他的船正驶过沛县、铜山和微山县的交会地带。或许因为不通省份的缘故,信号突然失常,电话里传来吱吱呀呀的杂讯。他的声音断断续续,讲述着一个世纪前他的太爷爷行船的故事,听起来遥远得像另一个时空里的人物。以至于后来看到这位充满"土酷"气质的船长戴着黑色墨镜，穿着舒适睡裤开船的样子，总给我一种异样的反差萌感。

2023年，杨英伟四十三岁，减去上岸读书的九年，他在船上生活了三十四年。而他的家族与京杭大运河的渊源，远远早得多，要追溯到百年之前。"他们讲我是大运河的三代船民，其实并不准确。据我所知，我爷爷的爸爸，就已经在船上讨生活了。"

惊涛骇浪

夜半三更，爷爷从睡梦里惊醒，船上多了几个黑布蒙面的恶汉，手持利器，不知从何处跳上了木船，吓得船上一家老小不敢动弹。

这是倒了大霉，遭了匪，经不得犹豫，赶紧掏出大洋。若是地痞流氓，收下过路钱，这一遭也算好过，只怕是水匪海贼，不光要银圆，连货也要一扫而空。但是，今天这种情况是例外——那就是匪人好死不死碰上了送军队的货。

和岸上小孩听的睡前故事不同，爷爷的水上经历，时常成为杨英伟儿时故事会的题材之一。

爷爷告诉杨英伟，和水匪同等可怖的是军爷，这个阀、那个阀，这个党、那个党，日本人、洋人，这来来回回的大人物，爷爷分辨不了许多，只知道军爷上门征收，去，给钱，不去，枪口对着脑门。

兵荒马乱，此去经年，运河浪头平和，要是长江可就费劲，从上海往武汉拉盐,逆流而上,载重足足40吨的木船船队,纯靠人力手摇,一趟便是个把月的光景。

战争年代里,杨英伟的爷爷,和他的木船走南闯北,拉过盐,运过物资,遭过土匪。世道太乱,哪里都是战场,找不到一处安定,如浮萍漂在水上,随波逐流。爷爷的最后一次战役,是1949年的渡江战役。军队需要大型木船,便征用他作为航船技术人员,沿着大运河一路南下参战,到了淮安一带。

新中国成立,爷爷就地落定,在太湖上生活了两年,随后还是止不住思乡之情,又沿着大运河,一路回到了老家微山湖。"我父亲有七个兄弟姐妹,加上他的父母,都以这条船为家。"杨英伟感慨,一条船,承载着整个家庭吃喝拉撒睡的全部生活。

微山湖在杨英伟的太爷爷年轻时,就已形成渔民船帮。他太爷爷是清朝时的漕运帮工。这漕帮虽然名气很大,但给漕帮干活可算不得好活计,在大运河上南来北往奔波讨生活,一年到头也只有六两银子,因而多的是无处可去的穷苦流民,抱团取暖,逐渐形成帮派。其中最出名的,莫过于后来人们所熟知的青帮。

漕运完全停止后,有能耐的如青帮便去了上海滩,更多无所依傍的劳苦大众,如太爷爷,则悄无声息地四散在大运河的涟漪里,以水为路,以渔为生。民国年间,太爷爷有货拉货,有鱼捕鱼,捕到了鱼就上岸卖,卖了钱换粮食物资,再回船上,能填饱一家上下的肚子就已经不错了。和太爷爷相似的船民们,顺着运河流入微山湖,形成了山东济宁泇运河(即今韩庄运河)

和微山湖一带的渔民船帮，渐渐，船帮也有了自己的系统，有人精于打船，有人擅长结网捕鱼，大家相互学习，彼此照应，有货就一同上路。

一等在船

1953年，微山县正式成立，船民们也落定户籍，当地私人渔船统统交公，从此跟着集体干。据山东省水产局1951年的调查显示："微山湖区使用的渔船大致可分为四种类型：大粮划、四爪船、三截赶、溜子（包括小划子）。船形大致相同，头、尾部皆为方形，尾部稍宽于头部，头、尾部皆高，中部低洼，呈弧形。1951年全湖约有大小木渔船一千八百六十余只，到1953年已发展到三千六百余只，20世纪50年代中期，微山县木渔船发展较快，到1961年全县已有大、小木帆船一万八千四百九十七只，吨位达二万三千八百六十六吨，并且有了机动船二艘。"

这样勾连成片生活在水上的船民群落，新中国成立之初还有很多，留存至今的，恐怕也只有微山湖的湖兴村了。这个最后的纯渔民船居渔村，现在依然船船相连，已经成为当地文化的一种符号，吸引各地朋友来此旅游观光。

1958年以后，公社逐渐成立，父亲进入微湖公社的船队。"到了父亲这一代，船民生活与祖辈已经有了天翻地覆的变化。"随着国内工业化的进程，造船业也开始从人力手摇船，逐步更迭，向机械化转变。

南方缺煤，山东出发的货船，大多时候沿着运河往南运煤。原本的大网船，解除了围网，便改成了货船。往南跑需要"技术人员"，还得能说会道，因此大队里专门挑选能力强的年轻人，杨英伟的父亲就是这时候开始上拖轮干的。

拖轮不大，主要是用来开路，真正载货的是后面的驳船。那时船只已经有了柴油动力，一个轮队拖十条驳船，马力虽小，但一趟也能拉个三四百吨。"那个年代看到机械船可不得了，跟咱们现在看宇宙飞船似的。"拖轮的船长，就像开飞机的机长一样，在乡里乡亲眼中也显得格外英姿飒爽。船队最后，往往还有一条生活用船，衣食起居都在这里完成。

运河跑船每个月能挣十五个工分。出门跑一趟船，装货慢，卸货慢，有时还要堵闸，来回一趟至少要三个月，但是好在回来可以休息一个月。虽然要吃苦，却属于公社里最好的活计，"我们叫'一等在船，二等在岸，三等才逮鱼'"。

杨英伟的母亲早前没有上过船，一直在大食堂做饭。"要知道当时的食堂实属条件很好的岗位，就想挑个好对象，一眼相中我父亲。"母亲与父亲，在当时也属于"门当户对"了。几年后，母亲坐着那条木船嫁给了父亲。船民的一生里，婚丧嫁娶等人生大事，都会在船上完成。

1974年，村里开始推行渔民上岸政策，划出一块专门用地，给船民盖房子，后来又建了工厂。先是建的船厂，既用作船民的住房，也是维修船只的厂房。后来又建了纺织厂。微山湖一带，各地多次组织挖掘淤泥、建造庄台，让渔民"靠岸"——

从船上移居到渔民新村。

改革开放以后,船队由集体改为个人,船厂也要公私分营,许多船民又重新回到自己熟悉的船上。村里也分了一条木船给父亲,这时母亲才第一次在船上生活。

过了几年,父亲手头有了些积蓄,攒了一千来块钱,就找了村里的造船师傅,决心打造一条属于自己的水泥船,载重七十吨。"七十吨可是当时最大载重的水泥船啊!"造着造着,钱不够了,就找杨英伟担任村书记的外祖父借,一路东拼西凑,等到水泥船造好,足足花了七千多块!

"我妈当时都吓死了!"20世纪80年代的七千块钱,属于十里八乡都瞠目结舌的巨款了,而他居然全投进造船里。但是在跑船人看来,这似乎是个理所当然的选择。"我们的船,既是生活空间,又可以作为生产工具。"造房子,不如打船。杨英伟的父亲一直是村里最早吃螃蟹的人之一。十年后,他又率先升级了铁船。

就在父亲的水泥船造好后不久,1981年,杨英伟出生。在他懵懂的童年时光里,他一直和父母、两个姐姐一起,生活在船上,记忆中儿时的大运河,水很干净。船民的孩子,从小与水亲近。五六岁,他就拴着根绳子,一头系在身上,另一头系在船头,下水游泳。多年后,他甚至想不起自己儿时有没有溺水过,只记得女儿落水时自己的惊慌失措。

直到八岁上岸念书,他才发现原来还有住在岸上、住在外婆家里这样一种截然不同的生活。让我想起《海上钢琴师》里的"一九〇〇"说的,"我就是这样学会生活的。陆地对我来说,是一艘过于庞大的船,一趟过于遥远的旅行。"

1998年,杨英伟十八岁,从中学毕业,正值叛逆的青春期,虽然不知道自己未来要做哪一行,但是心里很坚决,堵了口气,绝不做父亲的行当。为此,他在大街上瞎晃悠,找活儿干,用他自己的话说:当街溜子。就这么晃荡了小半年,晃着晃着,心里总归发毛,不踏实。"再混,挣不着钱,也找不着对象。"最后还是上了船。这一上,就再也下不来了。

那一年,父亲的船载重四百吨,他跟着父亲在船头的拖轮,母亲和姐姐在后面的驳船。京杭大运河上的货船,基本跑固定航线,起初是给热电厂运煤炭,从山东运到扬州、苏州、杭州。

一车一车的焦煤、焦炭,等待装船机,一点点堆上驳船,原本漂浮在水上的空船,以肉眼可见的速度下沉,直到吃水线几乎与载重线齐平。然后就需要工人上船,耙平煤堆,再盖上篷布,最后在船两侧用绳子把篷布牢牢固定住,防止雨水侵袭导致煤炭吸水变重。

大运来临

2006年以后,国内房地产蓬勃发展,船上开始有回头货了——从南方运沙石建材到北方,内河船运也迎来了一波增长。

或许是遗传了父亲敢为人先的品格,也或许是浪迹水上的生活养成了船民勇立潮头的性情,杨英伟一直走在船业的先锋。2009年,杨英伟拥有了自己的第一条船,一条载重九百吨自带动力的单机钢铁船。

对于船上的人来说，大运河的水波，是比陆地更坚实的载体。千年大运河从来不仅仅是文化遗产，至今依旧承担着南北往来重要的货运功能。

大运河的变化，他也看在眼里。"从北到南，大运河沿岸能看到明显的城市变化，景色越来越美。尤其到了苏杭这些地方，两岸绿化做得特别好。"他还开通了视频号，时时拍下大运河的风光与他的船长生活。

另一方面的变化来自时间。"90年代是大运河水质较差的时候，那会儿很多工厂都往运河排黑水，大运河是臭的。现在大家都知道保护环境，大运河又逐渐变得干净起来。"大运河上如今还有专门回收垃圾的装置和收集油污的船，只要打电话，就可以免费来收生活污水和油污废水，既方便了往来船只，也保护了大运河的水质。

前几年，他又贷款换了一条一千八百吨的双机船。船的载重越大，每吨货品的油耗就越低，利润空间也相对大一些。尽管最近几年行情不好，但他仍然对自己的双机引擎爱不释手，在朋友圈写道："你俩是我逆流而上自信的资本。"现在的船里能容下冰箱、空调、洗衣机等家电，生活设施甚至好过房车。"与其说是热爱，倒不如说，船，就是我们的生活和生存本身。"

当被问到有没有想过不跑船会做什么，他显得极为矛盾。"我也经常反思，如果不搞船，你让我上岸，我能做些什么。打打工、当当保安，一个月拿个三五千，我根本看不上。可要是在船上，行情好的时候，一年总能挣个二三十万，你说是吧……"

讲到这里，杨英伟忍不住自嘲，说若不是因为自己人过中年仍是愤青，其实或许会对如今的生活感到十分满足了——他觉得相较于先辈，如今这一代船民的生活条件确实已经优渥不少；相较于自己，哪怕转行上岸也不会痛快，因为不可能挣得比现在多。

但杨英伟拍过一条运河上的货船，船身写着："如果苍天有眼，来世性别转换，宁可卖身青楼，再也不当船长。"他会一边如此调侃，一边又感慨："有时听听船舱里机器的声音，可能睡得会更香。"

最近他在做他舅的活儿，从山东微山县出发，载上货后，经过十二道闸，到安徽池州市。如今，跑船比当年已经轻松了太多，上货卸货除了盖篷布，其他都已机械化、智能化。大多数时候，杨英伟只要等待排队过闸，线上组织货源，积极联系调度货品，不跑空，就能有钱挣。

一汪水，一条船，一家人。千年大运河，流淌着船民世世代代的生计与生活。

青梅时光二十年

松三

【小小的青梅理发店,被朱青梅收拾得一尘不染。音乐在洁净明亮的小屋里流淌,就和不远处永不停歇的运河水一样。】

玉兰花开满一条街时,好像心都明亮起来。

玉兰花什么时候开?

初春。

现在正值盛夏呢。盛夏里,玉兰树巴掌大的叶子交叠在一起，洒下满街浓荫。午后，宁波路上行人往来，耳边蝉鸣四起。到了来年初春，如灯盏的花苞才一朵朵绽开，春光瞬时铺开，引来树下如织游人。

朱青梅是看着这些玉兰一年盛似一年的。只不过，对于游人而言，宁波路上的玉兰在于春，对于朱青梅而言，宁波路有四季，宁波路也是她的四季。

1

一爿小店，糖果色的淡青色移门。门楣上一块牌匾，上头书"青梅理发"。门口和杭城其他时尚理发屋大相径庭，没有炫彩灯柱招揽客人，也没有年轻的发型师伫立门口。正是午时，阳光热烈而浓稠，一切仿佛都昏昏欲睡。

小心推开移门，一阵清爽凉风袭来，穿着印花裙的朱青梅迎上来，一张白皙面容，一头黑发，小巧玲珑的个子，手上拎着一串刚洗净的青提，水珠淋漓。

朱青梅便是青梅理发店的主人。未见到她时，便听说这家青梅理发店，在宁波路上足足开了二十年。二十年来，运河一带日新月异，宁波路上商铺更迭，只有少数几家二十年来仍持守原地，青梅理发店是其中之一。

朱青梅并不是土生土长的老杭州，她来自侨乡丽水青田。1996 年，和她一样的青田年轻人，有出国务工的，也有来杭州做工的。那时候，来杭州的女孩子主要学服装、学美发。朱青梅不过二十出头，她在一家理发店做学徒，师傅是温州人。

青梅自古有"竹马"。那时候，师傅有一位朋友是杭州本地人，住在杭州卖鱼桥的霞湾巷，家中有一个儿子，和朱青梅年龄相仿。"郎骑竹马来，绕床弄青梅。同居长干里，两小无嫌猜。"一来二去，"青梅竹马"自然而然地走到了一起。过了几年，朱青梅便成了地地道道的杭州媳妇。又过了几年，拱墅区旧城改造，原位于卖鱼桥的拱墅区政府搬迁到现在的运河广场一侧，霞湾巷一带的居民，也一同迁居到此。

朱青梅已然出师，她在一家证券企业做美发师。那时候，许多大型企业，诸如银行、电视台、报社，都有自己的理发屋，客源多，又稳定，有时候，美发还可以作为对高端客户的回馈。但朱青梅有自己的想法——理发师并不是证券公司的正式员工，她想要有一方真正属于自己的天地。

朱青梅向往安定。

2003年，朱青梅一家迁居到如今运河畔的登云阁。有一天，婆婆和朱青梅说："小区楼下宁波路上有个店面在转让，我们转过来给你开店啊？"两人便下楼去看，一家送水站，脏乎乎的，是连在一起的两间小铺面。转让费不菲，那时候便要一万多。但朱青梅丝毫没犹豫，第二天便把店面盘了过来。朋友们都说："呀，你怎么花那么多钱，盘了这样一个地方。"

"那时候的宁波路，哪儿有现在这样的清爽适宜。路上坑坑洼洼，大家什么都往街道边搁，乱糟糟的。运河啊？那时候运河也是一塌糊涂。"

朱青梅印象里，那时候的运河上，跑货船的最多，拉煤的、拉泥沙的，是名副其实的住船人家。他们携家带口，一年四季生活在运河水上，大多由江苏一带而来。从江苏跑船到了拱宸桥码头，便是进入了杭州门户。许多人下船来，紧要的事，便是理个发，添些吃食、衣物。这些被河流带来的陌生人，也被带入青梅理发店。有的人，一年来好几趟；有的人，见过一次便自此消失在大千世界中。

2

如今，沿着宁波路向西，不过几分钟，便走到了京杭大运河。向北，依次是京杭大运河博物馆、拱墅区政府；对岸，是中国刀剪剑博物馆、桥西历史文化街区。两岸以拱宸桥相连接。

天气晴好时，踏足这座古老的桥，看脚尖在油润的青石板上拾级而上，恍然有时光倒流之感——路人好像只是换了衣裳。倚着栏杆，运河之水呈现出沉郁的蓝，不再是朱青梅当年初来时的浑浊。两岸树荫密布，白墙黛瓦里，藏着咖啡馆、书店、茶馆、陶艺小店等文艺空间，都是当下时兴的消磨运河光阴的好去处。偶然遇见小吨位的货船"笃笃"驶过，远看倒如画舫过境。金色的落日余晖洒在河面时，更是好入画。过去，京杭大运河是航道，如今，京杭大运河更是观光之道。

二十年来，朱青梅却很少去河畔走走。

早晨起来，做早餐，送孩子上学，回家收拾收拾，便来到店里开门。从早上9点到晚上10点多，朱青梅都守在这儿。中午，婆婆从家里捎来午餐。到了晚上或周末，从事IT行业的先生便来店里帮忙打扫收拾。先生有事的夜晚，公公会来接朱青梅下班。

朱青梅若到运河之畔"闲逛"，大部分也是在早晨或傍晚，是送孩子上学，或是接孩子放学。夜晚时，运河远远送来一点晚风，晚风偶尔伴随着船舶低沉舒缓的喇叭声。宁波街上，两旁的白玉兰越来越高，丛丛绿荫撑开，落雨时，朱青梅都懒得打伞。

几乎三点一线的生活，将她的光阴停驻在运河之畔——在这爿小小的青梅理发小屋里，属于朱青梅的人生悄然流逝。

朱青梅说，理发是门手艺，手艺人最重要的是什么？是坚持。朱青梅今年四十七岁，从初入社会到现在，二十五六年了，她从未想过换个行当。未来也如此。将这门手艺坚持下去，将这方小小的理发屋开下去，是她安定人生的理想之一。

小小的青梅理发店，被朱青梅收拾得一尘不染。音乐在洁净明亮的小屋里流淌，就和不远处永不停歇的运河水一样。我们坐在靠墙的那张小圆桌边剥青提吃。她的眼神明亮，十指纤纤，看得出来，她把自己的生活收拾得妥帖而又明媚。

她问我，要来杯咖啡吗？是青田老家带来的习惯，一天一杯咖啡。宁波路改造后，许多小咖啡馆进驻，她比二十来岁的年轻人还灵敏，一条街轮着喝。

"但，还是青田的咖啡比较浓呀。"

这样热的天气，很少会有客人上门来。青梅理发店熟客多，大多来前，会先和她约好。独自守着小店时，朱青梅就放点音乐，打开手机看看当下时兴的发型。这几年，复古风又袭来，许多发型，也流行于朱青梅的青春。她狡黠地笑了笑，"省了我不少事儿，都是年轻时学过的"。

那时候，业内将理发称为"美发"，现在则更多用"造型"等五花八门的专业术语。更早的，那便是"剃头"了——用那种传统的推子，三下五除二，除了头，还兼刮胡子、刮脸，是一门古老技艺。据说早年间的剃头匠有十六般技艺：梳、编、剃、刮、捏、拿、捶、按、掏、剪、染等。朱青梅说，虽然现代美发和传统剃头很不同了，但要技艺到位，那种对手艺的坚持和磨练，是一样的。

就拿洗头来说吧，现代大理发店里，洗头、剪头、做造型都按流水线分开，但其实洗头是理发师构思的重要时刻。洗头不仅是为了干净，更多的，是在洗的过程中，理发师摸清顾客的头形，并且思考什么样的发型更适合。看看头形、发质，也能将人的性格摸得八九不离十。

有了这样的认知，接下来便是和顾客好好沟通。一个年代有一个年代的流行。许多客人来店里，常常就带着自己的想法，但很多时候，他们想要的发型并不一定是适合的。理发师要有审美上的引导。

当然，也有无论如何都要拗着性子来的。有一位常客，头顶好几个旋，发根流向多，却总要朱青梅给他理出圆圆的寸头——并且要像球一样圆。遇上这样"冥顽不灵"的客人，朱青梅是有些脾气的，她说："你是理发师还是我是理发师？"但每次强拗不过，剪得自己不满意，对方却还隔三岔五上门来。

朱青梅喜欢一次把事情做好，客人来到店里，希望对方漂亮帅气出门去，更不希望的是，做得不好不合适，从头推倒再来。她说，费时，也费对方的头发。美发不仅为了美，也要美得日常。那种一觉睡醒就"跑了"的发型，朱青梅认为是失败的。她也不推荐染烫太频繁，这样回绝时，常有老客打趣："你是不是想偷懒呀！"

3

自从有了青梅理发店，朱青梅的朋友，几乎都在这理发店里相识、相知。她最好的女友，便是二十多年的客人，后来成为她儿子的干妈。两家一同出游、玩乐，成为亲人般的莫逆之交。

朱青梅其实是慢热型的人。她喜欢细水长流的交往。客人上门，礼貌问候。遇上聊得来的多聊，聊不来的就开音乐，专心致志做头发。一切自然而然，就和发根的流向一样。她说："别人通过行走来认识世界，我呢，通过这小小的理发屋结识朋友，认识世界。"

来来去去的客人那么多，朱青梅说，别看这小小一方天地，见识的人也不少哪。

我吃着青提，看着那扇小小的门的外头，光亮的夏日，有行人走过时，是一抹深色的剪影快速从玻璃门上掠过。有时候，人和人的缘分就是这样：有的人，从未放慢脚步；有的人，打开门，进来了，请朱青梅剪个头，没头没脑聊几句，便成了朋友。

朱青梅相信缘分的奇妙。她说，缘浅的人，见一次，便是一生；缘分深的人，无论如何都会再重逢——一次又一次地重逢。

手上的这份技艺和顾客的心意也讲缘分。有几年，朱青梅也带了徒弟，虽然徒弟技艺还浅，但也总有那么几个客人，觉得还是徒弟剪得好。所以，乐观点说，再差的发型师，也会有人觉得他剪得好。同样，再好的发型师，也会有人觉得他剪得糟糕。朱青梅不是执拗的人。

时光流转，宁波路上，屋子旧了，人也老了。年纪大了的人，随着子女搬到别处去，年轻的新杭州人搬过来。许多老客念念不忘，总会大老远来理个发。有一家子客人，搬去了良渚，路途遥远，便一家子凑齐了开车过来找朱青梅。这样的时刻，朱青梅总会很感动。她说，这是她坚持开店的动力。那不仅是一单单生意，更是一份份情谊。

每个客人进来，出去时，焕然一新，精精神神，朱青梅除了成就感，还有开心。有时候，遇上年纪大的老客，不方便出门了，朱青梅也会上门去。有时候，老客家新生儿满月，朱青梅便上门剃满月头。剃完了，对方拿出事先准备好的红包，递给朱青梅，那一份喜气，令朱青梅好似也喝了一杯满月酒，心头尽是欢喜。

老客来，如亲朋好友上门，问一声，时间可否恰当，不行就换一天。遇上烫头这样要花大把时间的，朱青梅便起个大早。总是这样，双方等一等，互相迁就，时光变得柔软，变得温温吞吞。

"没有这些温暖的情意，这样一爿小店，二十多年哪里守得住呢？"

朱青梅生小女儿的时候，因为忙不过来，曾一度将青梅理发店转给了别人。不知怎的，几个月里，客人越来越少。朱青梅刚出月子不久，赶紧把小店接了回来。

"守着一爿小店，并不是那么容易的。三百六十五天，几乎天天都在店里。人家说，你是老板呀你自由。其实我就像一直在等待的人。"最令朱青梅遗憾的是，陪伴青田老家父母的时间实在太少了。

因为明白人有缘分，朱青梅格外惜缘。她觉得，客人就如同家人，尤其那些一直相信她手艺的客人。来一次，朱青梅便打一次折，哪里还好意思涨价呢。这几年，杭州理发界鱼龙混杂，甚至有了"到杭州，不理发"的俚语。特别是每年二月二龙抬头，理发更被炒到天价。朱青梅不喜欢这份嘈杂，她的青梅理发店，一年四季一个价。并且坚持不办卡，不充值。

当然是薄利，但好在，2013年时，家里人一起把这小小的铺子买了下来。这样子，朱青梅打起折来便不再有压力。买下来后，又出租了其中一间给一家彩票店。我笑着问朱青梅："你自己买彩票吗？"她摇头："我更相信人生是朝着自己的一个小目标一步一步去实现它。而且我也这样告诉儿子，一步一步踏实走,稳稳当当过一生。"

朱青梅感谢家人,幸好有家人支持。有了青梅理发店,家里也管了,店里也管了,小孩也管了。过完这个夏季,儿子马上就要进入警察学院念书,以后就是人民警察,也是一份稳当可靠的职业。朱青梅笑靥展开,是一位母亲,也如一个少女。她问我:"过些天,宁波路上马上开出一家马黛茶,阿根廷的,听说是杭州第一家。我一定要尝一尝。"

每一粒米，都不将就

邱仙萍

【在漫长的三十多年时光里，刘益云每天和它们"对话"，不能让这些宝贝"孩子"热了、霉了、坏了。这些"孩子"一个个都有脾气，像玉米，胚芽大，所以脾气也很大，容易发热，是易感体。】

守

夏至时节，新麦登场。天光尚好，日子悠长。运河畔，金柳下，我和同学刘益云相约去看麦子。

刘益云指着近处大船给我看，这个就是内河船，船头尖的，吃水深，能运粮食一千吨。粮食运到码头后，经过清样质检，谷物通过传输带被送到仓库，全部是自动化完成。

在远处，沿着运河向南走七八公里，就是号称"北新南富，天下粮仓"的富义仓。清晚期，杭城粮食供应告急，浙江巡抚谭钟麟请杭州绅士们出钱，采购十万石粮食，并耗费白银一万一千两建成富义仓——四排仓库，有房八十间，每间约二十平方米，可储存粮食四五万石。

"富义留余贯古今"，富义粮仓现在已经成为悠悠岁月的历史见证。我和刘益云现在所处的位置，正是浙江省粮食局直属粮油储备库所在。这里储存十几万吨粮食，一万两千吨食用油，是杭州运河边规模最大的粮仓。可以满足杭州一千多万市民一个月左右的口粮需求，是保障杭州粮食储备安全的"米袋子"。

益云和我是温州粮食学校的同学，我们毕业后，走上了不同的道路。两个班的同学，像益云这样还在粮食系统坚守的，寥寥无几。他笑称，自己做了三十多年的粮食"保姆"，这辈子和粮食是分不开了。

在他的眼里，每一粒稻谷、麦子，都是一个个鲜活的生命。益云还是和学生时代一样不善言辞，但是提起麦子、稻子，整个人充满激情和活力，眼睛闪闪发亮，眼神里满是父亲对孩子般的深情。

粮食进仓后，它们还是活体。小麦是四年的保管期。玉米是两年。稻谷中早籼稻是三年，粳稻是一至两年。它们不仅会"呼吸"，还会"喊话"，这里热了，那边要通风了。

在漫长的三十多年时光里，刘益云每天和它们"对话"，不能让这些宝贝"孩子"热了、霉了、坏了。这些"孩子"一个个都有脾气，像玉米，胚芽大，所以脾气也很大，容易发热，是易感体。我问益云，那怎么测温呢？肯定不是用温度计，粮食堆放最深处有二十多米，温度计无法到达那样的深度。

我们在粮食学校学习的时候，老师带我们用长长的铁扦插进粮食，再快速拔出来，用手感知温度，用直觉和经验判断，像老中医一样望闻问切。

我们来到十七号仓库，这里储存着三千六百二十七吨产于澳大利亚的小麦。进仓前要测量仓库的氧气含量，戴上安全帽进入。出现在我面前的是一大片宽阔的金色地毯，我很疑惑，怎么没有高高的小麦堆呢？麦子一粒粒圆润饱满地躺在这里，深度达到四米以上。现在仓里的温度是十七摄氏度。益云拔出一根长长的金色圆杆，这是监测爬虫的仪器，还有蓝色的和翻开的书本一样的，是监测飞虫的，整个仓库里这样的仪器有两百多个。这里，连一只苍蝇、蚊子都无处遁形。仓库里密密麻麻安放着各种探测器和接收器，其中温度传感器就有二百四十个，按五排十二列四层分布，二十四小时监测温度的变化。通过这些传感器和摄像头，工作人员坐在监视器前就可以实时掌握仓内粮食的状态。

在这清凉的空调房里，我多想做一粒麦子，舒服躺平，享受惬意人生。

仓

粮仓最早出现于新石器时代,这一时期储存粮食的方式,简单原始,保存时间短,也无任何防护措施。随着社会生产力的发展,殷商时期已有大型的国家粮仓。《史记·殷本纪》载:"帝纣……厚赋税以实鹿台之钱,而盈巨桥之粟。"《周本纪》载,周武王灭商后,"命南宫括散鹿台之财,发巨桥之粟,以振贫弱萌隶"。官仓仓粮的来源主要是赋税。隋文帝末年,"天下积储足供五六十年之用","古今称国计之富者莫如隋",足见隋代农业经济的繁荣。粮食储备增加需要更多的粮仓,朝廷开始在全国各地大建粮仓,当时著名的有西京太仓,东京含嘉仓、洛口仓,华州永丰仓等大型粮仓。在兴建官仓的同时,隋朝又创建了"义仓"。义仓是朝廷常设在灾区"救饥馑,备凶年",用来救灾济贫的粮仓。事实上,历史上比较平稳的岁月,粮食储备往往由四方面组成:一是官仓,二是义仓,三是老百姓手里的储粮,四是商人手里作为周转的储备粮。

现藏于北京故宫博物院的晋代青釉堆塑楼阁人物谷仓罐的上半部,三层崇楼居中,一层楼门两侧各有一条狗把门,楼檐之上有栖息的鸟、觅食的老鼠。有龟有雀,有房屋有仓门,象征着五谷丰登、丰收仓满。

农村各家各户,几乎都有一只硕大的长方形谷仓,里面储藏一户人家一年的稻谷。看一户人家家境如何,就看谷仓里的粮食有多少。过年时,家家户户都要写对联贴福字,猪圈里写上六畜兴旺,谷仓上贴着五谷丰登等。

那么古代的仓,是什么样的建筑结构呢,守仓人怎样保护粮仓呢?

根据考古资料,地下粮仓和地上粮仓建筑在新石器时期就已经产生。地上粮仓为干栏式建筑,地下粮仓"为形状多样(圆形、椭圆形、圜底形、不规则形等)的窖穴"。古代粮仓建筑经过商周时期的发展,秦汉时进一步完善,至隋唐成熟。地上粮仓的建筑规模逐渐扩大,东周时期出现了大型的仓城,并设有专门的管理机构。粮仓的防火、防潮、防鼠鸟虫害、通风等措施逐渐完善。储存形式由早期的露天堆积、形式多样的房屋存储,到形制规整的仓屋存储。地下粮仓由小规模、形式多样、粮储小等,发展完善至规模大、整齐划一、力学结构完善、防潮密封性优越的大型粮窖。

"汉代仓库最主要的特点是呈狭长的筒形平面。其次是开间不分主次,间距相同,间数有偶有奇。"仓屋屋顶有高低两跨,两层檐,覆瓦。仓内空间大、容量大,有利于热气散发。室内地面夯筑,地面之上有架空地板,防雨、防潮、通风,解决了储藏粮食的基本要求。

当代全国"四无"粮仓始于余杭的仓前粮仓。仓前粮仓房屋始建于清朝道光年间,1950年改造为地垄木板粮仓。20世纪90年代,在简陋的条件下,余杭首创无虫粮仓经验,粮食保管工作成了全国粮食行业的典范。继首创全国无虫粮仓后,仓前粮仓再创全国"无霉、无鼠、无雀"粮仓。把平凡的事情做成不平凡的事业,把"创业、创新、节俭、奉献"八字,做成了全国粮食行业精神。从事粮食保管工作四十一年的粮食保管员谢荣兴深有体会：粮仓建在架空层，架空层离地面只有一尺高，要从这个只有一尺高的地方爬进去，三天两清——三天要爬进去清扫卫生两次。

谈起仓储历史和粮食保管工作，刘益云头头是道，之前寡言少语的他，竟然像变了一个人似的，眼神有光，神采飞扬。1992年，刘益云从浙江省温州粮食学校粮食经济专业毕业后，就开始做粮食保管工作，先是在衢州市衢江区收储公司从事粮食保管。2003年11月到杭州，在浙江省粮食局直属粮油储备库做粮食管理，从粮食保管员开始，一步步做到粮油储备库仓储部经理。他吃住都在储备库，每天听着运河边的水声，在谷堆、麦堆的呼吸中入梦。三十多年下来，那些稻谷和麦子，成了他生命中的一部分。

浙江省粮食局直属粮油储备库组建于1996年7月，承担着省级储备粮油管理职能。濒临京杭大运河，占地一百六十五亩，总仓容十几万吨，建有一千吨级粮食和油脂专用码头泊位五座。为国储粮，责重如山。储备库传承"四无粮仓"精神，弘扬"用心保粮每一粒，创新发展每一天"新精神，不断总结仓储管理和建设经验，从"四无粮仓"向"四化粮库"跨越，在实践探索中，形成了以"仓廪现代化、储粮绿色化、信息智慧化、管理精细化"为主要内容的《"四化粮库"评定规则》，成了全国粮食仓储标杆企业。

2024年1月6日，央视"焦点访谈"栏目做了一期节目，叫作《科技赋能　颗粒归仓》，讲的就是浙江省粮食局直属粮油储备库在建设"四化粮库"中的科技赋能。

益云打开仓库墙壁上一个电脑一样的黑色家伙，这是他们的检测系统。稻谷、麦子从京杭大运河码头的轮船运送到货车上，再通过传输带进入储备库，颗粒归仓，就进入了AI系统管理。通过二百多个温度检测仪，可以随时掌握仓库内粮食的温度。墙壁上一排排管道干什么的呢，天气热的时候，这四面墙的管道里都会充入冷空气，再加上顶部的风道，形成了"五面立体动态控温"，相当于给粮仓内外加了一道隔离带，低温保鲜。

这些都是监测粮情的"秘密武器"，通过这些传感器和摄像头，工作人员在办公室电脑前，就可以实时查看仓内粮食的状态。近两年，浙江省粮食部门打造了"浙江粮仓"这一数字化协同应用平台，不仅可以实现二十四小时无死角地监控粮温变化，还可以通过数据运算和AI分析，实时监管是否有人进仓、粮食数量是否有变动等，所有数据实时"云监管"。

粮食在低温状态下储存，可以保质保鲜，温度过高，容易导致粮堆发热、生虫、霉变。浙江地区气候湿润，夏季温度也较高，"一湿一高"这两点，正是粮食存储的"天敌"。稻谷、麦子在这里不仅可以时刻享受空调，在遭遇害虫侵袭的时候，粮食这个宝贝还"不用吃药"——"发现虫以后，我们就会给这个粮仓里面充入氮气。我们现在采用的都是富氮低氧的杀虫技术，更绿色，更环保。"

我和益云走出粮库，来到室外，一座座粮仓上面，是一个个银色的穹顶,在太阳下闪闪发光。这是粮食仓库屋顶的分布式光伏电站。粮库有这么多的高科技设备,用电量自然就多。有了光伏电站,不仅可以实现用电的自给自足,还可以降低仓顶温度,实现绿色储粮。

人

20世纪90年代初的温州是浙江经济的发展前沿,就像在北京一脚会踩到三个当官的一样,走在温州街上,你一头会撞到五个老板。这里是当时中国民营经济最发达的地方,每个角落似乎都跳跃着铜板,也碰撞着各种奇思妙想。

学校美得不像话,有蜿蜒的葡萄架,夏天绿荫如织,像凉爽的海洋绵延在头顶,又像是山坡上扯下来的草坪,随意把大片的绿撒在架子上。池塘边的柳树,吹拂着年轻的心。最美妙的,是校园的小径旁,全部是翠绿的夹竹桃和白色的栀子花,初夏来临,整个校园里,弥漫着一片沁人心脾的芳香。

我们的学校叫作浙江温州粮食学校,益云和我同班同学,我们的专业是粮食经济。班里四十个人,每个县市招一个,是高中中专。现在年轻人都不知道高中中专是怎么回事,我们毕业后,可以考大专、本科,还有一个就是高中中专不考英语,其他各门功课分数要求都不低。关键是高中中专只读两年,农转非,毕业后国家包分配,而且工作单位都还不错。那个年代高考是千军万马过独木桥,只要能考上,能农转非,就是鲤鱼跳龙门了。为什么要选粮食学校呢?我有个表姐夫在粮食系统,他对我父亲说，粮食专业读出来，哪怕分到粮管所，每年都有米面油发，过年还有鱼发。一句话就是，报了粮食学校，今后总饿不死。

1992年到现在三十多年，刘益云就在粮食保管仓库扎下了根。一年三百六十五天，大部分时间都是和这些稻谷、小麦一起度过的，几十年如一日，日夜都在粮库里。住集体宿舍，吃食堂饭，每两三个星期回老家一趟。我说：孩子妈妈和女儿对你有意见吧？益云说：大家都习惯了。妻子一直在农村。我到杭州的时候，孩子才五岁，现在也大学毕业工作了。孩子妈妈在老家守着一亩三分地，我在杭州守着粮食仓库，我们都是守仓的人。

守着守着，刘益云拿到了粮油管理员高级技师证，成了"全国粮食行业技能拔尖人才"和"浙江省职工高技能人才创新工作室""林·云技能大师创新工作室"的主要成员。守着守着，浙江省粮食局直属粮油储备库的"浙江粮仓"，成了"大国粮仓"AI分析、云计算等数字化应用平台的全国先进。

我羡慕地说：益云，你多好，你看你这个工作，不像很多行业这么"卷"，在这里，有种岁月安好的宁静。我看你还担任河南工业大学、浙江农林大学、武汉轻工业大学涉粮专业学生到库实习指导老师，培训学生六百余人次，为省内外粮食系统同行到库考察提供技术交流两千余人次，你都成大学教授了。我真羡慕你，什么叫作"守得初心，方得始终"，说的就是你，岁月不欺实在人呐。

益云说，做粮食保管员，首先要耐得住寂寞和清贫。粮食行业相对简单淳朴。早几年收入少，社会地位低，以前刚毕业的时候，人家喊我们"扫地僧"。很多年轻人耐不住这份寂寞和清苦，都不愿意做这份工作。

他在《我的群众观，最美粮食人》中写道："曾经有人说，保管员就是个扫地的。仅此而已吗？回答当然是否定的。记得在第三届全国粮食行业职业技能竞赛总结表彰大会上，前辈们对我们说：'世界上没有卑微的职业，只有卑微的心态，就是扫地，也要扫出个世界冠军。'储备库一头连着生产者，一头连着消费者，身担粮食安全，心系国家稳定。我国粮食安全新战略明确指出，要确保谷物基本自给、口粮绝对安全。作为一名粮库保管员，深感肩上担子沉重。袁隆平先生有一个梦想：看到自己试验田里的超级稻，长得比高粱还高，穗子有扫帚那么长，谷粒有花生米那样大，他和同事们坐在瀑布般的稻穗下乘凉。我也有一个梦想，虽然没有袁先生的梦想那么伟大、那么科幻，但是我梦想让粮食住上'五星级宾馆'，这里低温、低氧、无虫、无霉，而我就是粮食的服务员，既要继承老一辈粮食人'四无粮仓''宁流千滴汗，不坏一粒粮'的精神，更要紧跟科学保粮发展趋势，确保国家需要时调得动、用得上，保证浙江人民有饭吃、吃好饭。牢固树立'立足小粮粒，服务大社会'理念，爱岗敬业、艰苦奋斗、敢于担当、甘于奉献，为实现中国梦，争做最美粮食人而努力工作。"

看着蓝天白云下面这一座座巨大的粮仓，我仿佛置身于千重麦浪,闻到了泥土的芳香,听到了云雀欢乐的歌唱,突然想到了梭罗。

1845年,梭罗借了一把斧子,走进瓦尔登湖畔的森林,亲手建了一所房子,造价二十八美元。梭罗惯行密林溪谷路,在翠柏深处、鸣雀声中面对生活的本质,探求自己的真理。他追求简单朴实的生活,用自己的体验,告诉人们有这样一种淳朴的生活方式。他吃着最简单的食物——面包和蔬菜,家具只有一张床、一张桌子、一个写字台和三把椅子。"我愿意深深地扎入生活,吮尽生活的骨髓,过得扎实、简单,把一切不属于生活的内容剔除得干净利落,把生活逼到绝处,用最基本的形式,简单,简单,再简单。"

时光如梭,纵使岁月流淌近两百年,梭罗所写的摆脱束缚、释放心灵,断舍离的极简主义,非但没有过时,反而更符合当下心境。他在书中这样写道:回归田园,是现在很多都市人心中的一个梦。快节奏的生活,让人们渐渐远离了脚踩泥土、手握稻禾的乡土生活。对于"自然"两个字,不仅少了人类原本的敬畏之心,连最基本的了解可能都渐渐遗忘。我们也逐渐忘记了耕种,和感受泥土的力量。"泥土……尤其是新鲜的泥土,里面有一种磁性,吸引着盐、力量和美德,赋予泥土以生命。正因为如此,我们才劳作不息,靠自己的耕耘养活自己;一切粪肥和其他的复合肥料,只不过是这一改良的替代品。"

春末夏初,是我们原来粮食学校最美的季节,白色的栀子花,开满了路径。我们在葡萄架下读《诗经·良耜》:"获之挃挃，积之栗栗。其崇如墉，其比如栉，以开百室。百室盈止，妇子宁止。"回望青春，很多往事已模糊不清。但刘益云的微笑，还是这么朴实纯净，宛如当年我们站在宽广无垠的田野上，敦厚得像一株麦子。

千年再等一回

于佳

【不出差、不下雨的清晨,倪晓芳都会从小河直街一路跑到拱宸桥头;不加班、不写文章的夜晚,倪晓芳也会和家人在大兜路散步。】

1

但凡第一次前往西湖的人,总会在断桥驻足片刻,行经至此,总会想到《白蛇传》中许仙与白娘子曲折动人的爱情,当这个古老的传说由天边到心田,置身其中而获得的是同舟共渡的笃定。由相遇,而再会。

"西子湖依旧是当时模样,看断桥,桥未断……"

杭州人倪晓芳,国家级非遗代表性项目白蛇传传说杭州市代表性传承人,关于《白蛇传》,她怀揣着更多庄重的浪漫。

和许多女孩一样,倪晓芳当然会为白娘子救许仙赴昆仑山勇取灵芝草的不顾一切而感动,也会为小青和白娘子肝胆相照的友谊而心生向往。而让她真的发心守护好这个传说的,一是源于在不断收集故事素材时对民间智慧心生佩服;其二,在传统文化的传承中,她确实感受到,"若我肩上是风,风上便是闪烁的星群"。

2

倪晓芳,她是大运河的女儿。

"也许是我从小到大从未离开过家乡,而我身边的世界文化遗产——大运河,不仅是运河流域千年流芳的社会历史沉淀,更是杭州人心中,最浓墨重彩的记忆。"

一条运河,不仅连接着南来北往的船只,也维系着江河湖海及运河两岸的人家。

倪晓芳出生在大运河畔的卖鱼桥。"我们一家人,都在运河边长大,都在运河边奋斗,也都在运河边变老。"

倪晓芳的妈妈,退休前是杭一棉的纺织工,爸爸也在运河边的国企大厂工作。"每到春天,有很多人来运河边看樱花,站在湖墅路上最大的一棵樱花树下,就能望见我家。"

"运河,总是无比亲切。"倪晓芳的童年味道里,记忆最深的是运河墅园大门口的"琴糖"。"这种糖放在一个炉子上加热,拿起来时是软的。卖糖的老奶奶,本领可大了,会捏也会吹,在糖还没有变硬时,不断揉捏,做出各种物体。她做的最好看的是游龙,拿在手里,特别神气。"

"我们一群小姑娘,叽叽喳喳,在这里学唱热播剧《雪山飞狐》《射雕英雄传》《唐太宗李世民》的主题曲……"

热闹完了,倪晓芳回家写作业。"三张椅子铺开,高脚的当桌子,矮脚的上摆着切好的甜西瓜,我在院子里写作业,我奶奶在旁边给我摇蒲扇。我老师都能看见我,他隔着河道喊话说,倪晓芳又在用功啊!"

3

倪晓芳热爱杭州,热爱运河,热爱杭州话。

高考这年,倪晓芳顺利考入浙江传媒学院。"我同学都叫我'报纸芳'。我每天肯定要在图书馆看完8张报纸。我会把不同报纸针对同一事件的报道整理起来,做成剪报。也自己写文章投稿。当时,我有一个小专栏,根据中草药的名字编故事,比如,当归、何首乌……"

读大学时,爱读书的倪晓芳,一有时间就到杭州少年儿童图书馆做志愿者。

"一天,我正在整理书,有个小朋友的硬币掉在地上了,路过的阿姨和他说:'你 luo 角(ge)子掉了。'小朋友听见阿姨叫他,但是没回应,就走掉了。阿姨很热情,追上去,一直在说,

'你 luo 角（ge）子掉了'。"

在杭州话里，硬币念作"luo 角（ge）子"。倪晓芳当时看到这一幕，心中觉得黯然，这么熟悉的乡音，小朋友听不懂了吗？

也是在这次志愿服务中，杭州少年儿童图书馆邀请倪晓芳临时代课。倪晓芳很珍惜这个机会，决定用杭州话讲武松打虎的故事。"那次课上，有十几个小朋友，他们大多没听懂，可我自己特别开心。"

也是这次无心试讲，让倪晓芳坚定了自己的志向："杭州话，噶套有咪道！我要做杭州话的传话人。"

大学毕业后，倪晓芳一面在高校教书，一面成了桥西"老开心茶馆"的编剧，同时也认识了国家级非遗代表性项目小热昏的代表性传承人周志华。

倪晓芳从周志华老师那里感受到，杭州小热昏作为民间艺术，其生命力在于不断发展、创新，以适应新的环境，从而在不同的历史时期都能保有自己的活力。

从单档到双档，从"说朝报"到锣先锋、卖口、说唱、长篇这样完整的演出程式，从吸收借鉴民间小调来发展到独角戏、滑稽戏，都是不断学习创新的结果。

倪晓芳在"老开心茶馆"开设杭州童谣培训班，但坚持下来的人太少了；在中学开设小热昏社团课，在小红书上讲杭州话里的冷知识，在创作中积累。

"碰日会"，是杭州人的打招呼方式；杭州人不吃早茶，一副烧饼油条落肚,"落胃";小朋友过六一儿童节,杭州人要过"六二"节,可可爱爱的,是一种自嘲。

"阿龙阿龙,两头踏空",形容脚踏两只船,最终落空。比如,一个男孩拿着一束花同时向两个女孩求爱,最后的结果肯定是一无所得。

"黄瓜儿跟了丝瓜儿荡",说的是夏天的瓜棚,黄瓜儿跟着丝瓜儿一起随风摆荡。丝瓜儿轻,最先摆荡的是丝瓜儿。而黄瓜儿为了与丝瓜儿保持步调一致,也不甘落后。"黄瓜儿跟了丝瓜儿荡",用来形容一个人毫无主见,喜欢跟风。

七年来,倪晓芳和她的团队已搜集整理了两千多条杭州古话。

每个城市,都有属于自己的独特的记忆和声音。倪晓芳认为,这些古话就是最为经典的杭州好声音,它影响了一代人的生活和成长,是杭州城市记忆深处飘扬的乡音。

4

也是在整理杭州古话的过程中,倪晓芳结识了一群致力于杭州方言文化传播的良师益友,其中,就有杜传富老师。

杜传富,是小热昏的第七代传人。倪晓芳第一次去拜访杜传富时,他正在社区书房讲《白蛇传·前传》,倪晓芳一下子就被吸引了。

传说,白娘子和法海是好朋友,法海的前世是只癞蛤蟆。

一次，癞蛤蟆和白蛇约好去峨眉山玩。癞蛤蟆听说峨眉山顶有颗珠宝，吃了这颗珠宝能增加一千年的功力，他马上告诉白蛇。

第二天一早，白蛇和癞蛤蟆一起上山。白蛇游得快，癞蛤蟆跳得慢，爬到半山腰时，白蛇说，你动作太慢了，要不这样，我嘴巴衔着你，我们一起游上去。

行到山尖，白蛇激动地说，就要到了！可是，白蛇嘴巴一张开，癞蛤蟆就跌至山坳。

癞蛤蟆心里气极了，它想，我好心约你一起寻珠宝，你这样扔我下来，独占鳌头……

倪晓芳说，以前人们讲《白蛇传》，都是着重叙述烟雨朦胧的爱情故事，可是杜传富老师讲的《白蛇传》独出心裁。

倪晓芳想起童年时，她和小伙伴挤在拱宸桥畔熙熙攘攘的人群中，听卖梨膏糖的师傅讲《白蛇传》，过端午、盗仙草、水漫金山、雷峰塔倒……"一讲到关键处，师傅就话音停下，欲知如何，先回家和爸爸妈妈要钱，买了糖再听！"

倪晓芳回忆，每次都听得意犹未尽，长大后，只觉得这《白蛇传》亲近又陌生。许仙是痴心还是负心？是什么让白娘子一往情深，又是什么让法海遭世人怨恨？这些童年心中的疑云，随着年岁渐长，就像一个个远去的句点，不再让人心中牵挂。

"可遇见了杜传富老师讲《白蛇传》，和之前单纯地听故事不一样了，好像感受到了一种使命，就是把《白蛇传》的故事好好地讲下去。"从此，有心人倪晓芳，开始不遗余力地整理《白蛇传》传说。

"杜传富老师几乎每周都会在社区书房开锣。他为了能让更多人喜欢上这门传统曲艺,甚至把家里开水瓶都带去,特别周到。我有时候悄悄地过去听,杜老师一眼看见我,他说,好了,今天不讲《岳飞传》了,倪晓芳来了,我必须讲《白蛇传》了。"

倪晓芳边听边记边补充,心里总是特别感激老师的无条件信任。"杜传富老师总是说,你莫急莫慌,我知道的都会一字不落地讲给你听。"

倪晓芳还四处搜集和《白蛇传》相关的资料。其中,话剧导演田沁鑫的《青蛇》,让她思考良久。

因为有缘,我们在宋朝相识。

因为有缘,我们知道了一切的短暂。

因为有缘,我有了人的眼泪,人的悲伤。

因为有缘,世间任何一种,都不是恒久存在的。

倪晓芳说:"'端午惊变',是《白蛇传》中最被人津津乐道的一个章节,但其实《白蛇传》中最巨大、最生生不息的力量是情感。"

话剧中,"小青"的饰演者有那么一点不事雕琢的天然呆,她自嘲着,"本来,做一条蛇,我趴着挺聪明的,一站起来,脑供血不足,变傻了。"

小青问白蛇,"人怎么做呢?"

白蛇答,"唇红齿白,站着行走。"

小青又问,"那要站不住呢?"

白蛇答得干脆,"练。"

白蛇曾问小青,"你是否要成人,可想清楚?"

小青懵懵懂懂地答得痛快,"姐姐去哪,我去哪。"

一度,小青也后悔,"早知道,我应该变成鸟。"可一刹那的闪念后,她做得最久的一件事,是在房檐上盘了五百年。

倪晓芳很开心,越来越多的人对《白蛇传》有了期盼。行至官巷口、清波门、净慈寺、苏堤……《白蛇传》步履不停,"白蛇""小青"放慢脚步,"我愿意用我的衣服铺在你的脚下,但是我太穷,除了梦一无所有,于是,我只有,把我的梦铺在你的脚下。"

《白蛇传》是倪晓芳的梦,"因为有缘"。

5

倪晓芳很忙。就像《繁花》中汪小姐喊出的那一句:我是我自己的"码头"。倪晓芳的码头,在运河桥西。

不出差、不下雨的清晨,倪晓芳都会从小河直街一路跑到拱宸桥头;不加班、不写文章的夜晚,倪晓芳也会和家人在大兜路散步。跟着倪晓芳漫步运河,她总是能讲出传说以外的小秘密:夜晚拱宸桥的灯光映射着它的小心机,一面尽显韵味,一面玲珑别透;国医馆旁公益茶铺的茶,是根据二十四节气调配的,谷雨茶、大暑茶、冬至茶……每杯茶里都有时光的熨帖;桥西历史街区有一家手工皮具店,又细致又治愈……

2022年春节,梁晓声的作品《人世间》在央视热播,倪晓芳想,《人世间》里的光字片儿,不就是她生活的桥西吗?

倪晓芳又开始走街串巷听故事——杭州内河航运船舶修造厂搞内燃机维修的费师傅、"解百"收银"一姐"小汪、羽毛球国家一级裁判贾赤彪等讲述的平凡又普通的桥西故事，都是倪晓芳想去倾听写下的。

"这些故事就像我妈妈做的甜酒酿，光知道那个味道是不行的，必须自己从头做过，才会成为自己的甜酒酿。"

2017年，倪晓芳创建了自己的文化公司。她甘愿为一座桥去讲述杭州故事，就像生生不息的运河水，将汇聚着温情暖意的杭州话，代代传承。倪晓芳说："杭州话是运河文化传承绵延中的璀璨宝藏。"

这个夏天，叫她"报纸芳"的大学同学从山东来杭出差。"她到我家来，看到我还是坐在旧书堆里写文章，她惊叹道，你怎么还和从前一样啊！"这个夏天，时值中国大运河申遗成功十周年之际，越来越多的普通市民认识到保护大运河的意义，不仅是山水之秀、人文之韵。未来，还将有更多的"倪晓芳"深入推进大运河文化的传承和转化。这个夏天，电影《白蛇·浮生》上映，爱让我们重新爱上最真实的你和我。

我家门前有条河，这里流淌着倪晓芳的生活倒影，是她所有热爱的源泉；"和从前一样"，是倪晓芳舟系乡音的初心，也是她未讲出口的志气——"嘠发靥的！"

事事是小事,日日皆好日

章衣萍

【费师傅的故事里,没有宏大叙事,没有动容壮举,点点滴滴都透着热情与热心,时时刻刻都为别人考虑与服务。】

"嘟、嘟、嘟……"

"你好,我是费玉根。"

联系上费玉根师傅很容易,电话打过去可以说是秒接。一只老年机,他一直随身带着,二十四小时不关。

为啥？

"人家急了才会找你，肯定要把人家的事情放在第一位。"万一桥西社区的邻居们遇到电表跳闸、水管爆掉，或是有紧急情况需要他帮忙，费师傅可以第一时间接到电话赶去现场。于是，他和他的手机二十四小时待机，做志愿者比上班族还要认真和敬业。

就这样，我顺利地约上了费师傅。炎炎夏日，走进桥西社区。一见面，费师傅就关心地问我："小章，你不怕晒啊？怎么不像其他女同志，带把伞、戴个帽子。"

1

费师傅是共和国同龄人，五岁那年随着父母从上海到杭州定居。说是定居，其实在八岁以前，他一直生活在船上。父母搞水上运输，常年沿着大运河在江苏、上海、浙江三地来回跑，他也随着父母，以船为家。船上空间狭小，生活条件艰苦，一家人倒也是其乐融融。

费师傅的爸爸思想境界蛮高的，"那时候很多人图方便，船舱的垃圾直接往运河里倒，老爷子不肯，把船舱弄得很干净，垃圾分类分好再去岸上倒掉。"费师傅受父母影响，从小就是个热心人，还没上班之前，他就会给每艘船上的人倒好水，帮忙给年纪大的船家挑满生活用水。有些事情父母不用教，耳濡目染。

1965年12月，费师傅正式参加工作。最开始做的工作，听起来挺浪漫，堪称一道独特的水乡风情——"牛拖船"。前面用牛轭套住一头大水牛的脖肩，后面六条驳船，头尾相连成一条长龙跟着，费师傅在前头负责驾驶点拨。牛拖船走的是大运河、上塘河的支流因水浅而大船到不了的地方，费师傅跑的是乔司、丁桥、许村、笕桥、塘栖一带。船上一般装丝麻、棉花，以及其他土产等笨重货物，一艘船三吨，一头牛可以拉十八吨的重量。

1968年，费师傅到了杭州内河航运船舶修造厂，1986年调到分公司，在洋关这里搞内燃机维修，数年后再换到和睦分公司当分厂厂长。

退休后，费师傅因拆迁住进了桥西历史文化街区宽敞明亮的楼房，离大运河和拱宸桥就几百米的距离，与大运河，与桥西，有着一辈子的缘分与情分。

2

到杭州内河航运船舶修造厂，费师傅开启了轮机维修职业生涯。

一碗"机务饭"，费师傅吃了三十多年。滑雪冠军王濛说"我的眼睛就是尺"，那费师傅可以说"我的耳朵就是检修仪"，内燃机有什么毛病，费师傅耳朵听听就晓得哪里出问题了。最"结棍"的时候，上海那边对讲机报过来说机器有毛病，机器里油多起来了。费师傅从对讲机里听听，就晓得毛病出在哪里，远程指导他们检查。老同事们对他佩服得不得了，说："你这个人噶精（能干）的啊！"

很多棘手的问题，费师傅出马就能迎刃而解。

一次大年三十晚上，费师傅一家人正吃着年夜饭，任务来了，一艘上海的货船出了故障来紧急求助。费师傅二话不说赶赴现场。去了没几分钟，就发现了问题，原来是一个小零件出了故障，导致皮带盘松掉了。接着，他用一个易拉罐的拉环做了改装，半小时后，船顺利地再次发动。奔波了一整年，能在年三十前回家和家人团聚，船上的人自是对费师傅千恩万谢。

一艘嘉兴的千吨货船在杭州出了故障，机器里的水都快漫出来了。费师傅到现场一看，让船家把发动机后面的封门板拿下六块，然后让发动机按一千五百转全速运行，发现了问题所在。

退休后，还经常有电话打过来让费师傅帮忙。2020年，钱塘江里有一条船出了问题，还有两三个钟头，潮水就要过来了。费师傅马上赶过去，在潮涌前给它修好了。"老板高兴啊。这些轮船都是私人的，上百吨的船，沉掉的话损失严重。"

"我吃这碗饭，就要把这碗饭弄灵清。"要想技术过硬，除了从师傅这里学，更多的是靠经验积累和摸索实践。工作闲暇之余，费师傅经常把船上的机器拆开来又装回去，反复研究琢磨。在检修机器时，遵循着从上到下、自左到右、从前到后的顺序，井井有条，忙而不乱。

工作表现突出，费师傅获得了先进工作者、工会积极分子、新长征突击手、学雷锋积极分子等荣誉称号。单位有分房子的机会，朝晖三区、朝晖七区、金都花园三处备选，费师傅全部放弃。"想想社会上有比我更困难的人，我自己有点技术，靠自己也有地方住。"加工资也是如此，那时候加"半杠"是七块，加"一杠"十四块，费师傅打报告给领导，让出来给更需要的人。"现在么，儿子女儿有时候要埋怨我，都是钞票哎！我笑笑，身体好就好。"

3

退休后，费师傅比上班的时候还忙。微笑亭志愿者、阳光老人家志愿者、登云路和轻纺桥路口的劝导志愿者，每个月15号社区的"为民服务"，都有费师傅的身影。对于做了三十多年轮机检修工作的费师傅来说，修个电表、水管、小家电都是小意思，驾轻就熟。

在做志愿者的过程中，费师傅陆陆续续认识了很多需要帮助的人，费师傅就给他们留了自己的电话。往后一个电话，费师傅随叫随到。"我的手机二十四小时开机的，三更半夜电表跳闸了，自来水没了，下水道堵了，都给我打电话，我马上给他们处理。"

为了更多地帮到大家，费师傅空下来时，会去旧货店淘点维修的小工具。除了我们熟知的扳手、钳子、榔头、起子外，他还自掏腰包买了切割机、水平仪、千斤顶、焊接设备等。"我这边的工具，可能比外面的维修店里面还要齐全。"说到这里，费师傅有几分得意。

桥西社区有不少八九十岁的老年人，孩子不在身边，除了帮忙修设备，费师傅还给他们做好生活常识小科普。"在维修下水道时，发现里面都是菜叶子、生活垃圾什么的，我就和他们解释，为什么这个下水道容易堵，大一点的东西不能往下水道冲。电茶壶为什么会经常跳闸，是水加得太满了。电饭煲，拿了整个电饭煲到水池里去冲洗，那肯定坏掉了。"这些细节，费师傅不厌其烦地一遍一遍和他们强调，"电茶壶水么不要接太满，电饭煲里面的锅子洗洗就好了，生活垃圾不要冲进下水道。"

"你好，费师傅。""费师傅，出来走走啊。"费师傅是桥西社区的"红人"，走在社区里，几乎每个迎面走来的人都会和费师傅打招呼。就拿费师傅所在小区而言，三百五十多户人家，其中二百多户费师傅都认识。

"费师傅啊，他人是真当好！"

听说我来采访费师傅，沈大姐有点激动，拉着我往她家里走。"你看，门口的这排柜子，是费师傅帮我打的，他用以前的旧家具改了一下。那么多年了，我们用得蛮蛮好。"她又指着客厅的电扇，"这两把电扇，一把是费师傅帮我们修好的，一把是费师傅送给我们的。"沈大姐的老父亲年事已高，费师傅每天抽空过来陪老先生聊天。如果某天不来，老先生就要问了："为什么他今天不来了？你赶紧打个电话去问一下！"

4

桥西社区位于京杭大运河南端的桥西历史文化街区，这里因大运河而生，也得益于大运河。十余年里，经过五轮改造提升，街区依旧保持着19世纪"街巷里弄"的格局，三百多户居民枕河而居，惬意生活。

我与费师傅一起走进桥西社区居委会，遇到了社区工作人员林夏菁。

"费师傅很热心。我们这个社区老年人比较多，八九十岁以上的独居老人就有十个。这些老人费师傅都帮忙看牢，每天去敲敲门，上门看一眼。"

林夏菁告诉我，费师傅经常是"两头做做工作"，成了百姓和社区的纽带和桥梁。有些居民家中经济上有困难，碍于面子不好意思和社区说，费师傅发现了，告知社区共同解决。社区提升改造过程中，有些居民对社区有意见，费师傅知晓后转达给社区。

"有些事情，费师傅去沟通比我们效果好。比如有些老人夏天舍不得开空调，楼道里堆了很多杂物舍不得处理，费师傅很耐心的，反反复复去说。"林夏菁说。

"你们啦，要将心比心，换位思考！"一句"换位思考"，费师傅经常挂在嘴边。费师傅不仅擅长修机器，也擅长修补人和人之间的嫌隙。在工作时，他曾做过船只调度的工作，从一开始的几艘船到后面四十几艘船，极考验为人处世的能力。现在遇到两夫妻吵架了，他劝人家"你要气量大一点"；遇到两代人的矛盾，就劝"以后你的钞票都是他们的，现在给和以后给不是一样的吗"。

但遇到原则上的事情，费师傅是不让步的。一楼的住户违章搭了个"南瓜房"，边上的居民自己去说怕难为情开不了口，就找社区协调，社区让费师傅去劝劝那个住户。没想到那个人骂骂咧咧："你帮他们，不帮我！"费师傅说："大家都像你，小区还像小区啊？"

作为四十多年的优秀老党员，费师傅在工作时就屡获荣誉，现在退休了做志愿者，依然频频获奖，家中的荣誉证书贴了一墙，囤了一拉杆箱，媒体叫他"桥西活雷锋"。他很谦虚，经常说，"人家看得起你，才叫你做，不能辜负了人家的信任。"

5

"一个电话打过来，他放落手上的事情就出去帮忙了。有时候感觉他好忙啊！"

说归说，费师傅的老伴挺支持他的志愿者工作。遇上忙的时候，费师傅还叫自己的老伴帮忙，"熬稍（赶紧），你帮我去站一站。"

志愿者工作再忙，照顾老伴总是第一位的。今年6月，费师傅的老伴不幸"小中风"，幸好发现及时，在医院住了一段时间后回家休养。这下费师傅更忙了。除了日常家务和一日三餐，还要每天两次陪老伴下楼走路做恢复训练，帮老伴洗澡擦身。即便如此，他依然兼顾着志愿者工作。可喜的是，在他的悉心照顾下，老伴的病情日渐好转。

作为共和国同龄人，费师傅已经七十六岁了，身体动过手术，还有点小毛小病，也到了需要照顾的年龄。有些困难，他自己想办法克服，比如修下水道的时候，让邻居给个小板凳屁股下面垫一垫。有时候真的出不了体力，就出脑力，用自己的经验给年轻人出谋划策，比如抗台、抗寒的时候，用自己的经验指导团队里的年轻志愿者们。

有些和费师傅年纪差不多的人劝他："小费，你差不多也不要做了。"还有人说："现在还有多少人找你修啦？东西坏了，换一个就完了呗。"费师傅马上给了个数，"一个月，起码出工二十趟以上不会少。你以为大家都坏了换？不是的。"

"我现在还能发挥点余热，要做给年轻人看看，引导他们为人民服务。"费师傅这样解释。不过，这几年他有一个小小的心愿，想找一个徒弟，教他维修电路、水管、家电的这些技术，接手他的志愿者工作。有始有终，他才能真正放心地"退休"。

采访临近中午，费师傅婉拒了一起吃饭的邀约，赶着回家给老伴做饭。告别时给我手上塞一瓶水，又问我："小章，你怎么走，往哪个方向？"

费师傅的故事里，没有宏大叙事，没有动容壮举，点点滴滴都透着热情与热心，时时刻刻都为别人考虑与服务。他曾说："自己的事情再大再大也是最小最小的，人家的事情顶（最）要紧。"其实他做的事情再小再小，汇在一起也是很大很大的。

六十岁以后的一百个人生第一次

李晚

【多年后,当董云蓉带着自己的摇滚乐队,穿着皮裤在台上翻唱新裤子的歌,大家才发现,这个温柔深情的老太太,骨子里有着远超人们想象的潇洒和热忱。】

董云蓉从梦中惊醒,吓出一身冷汗。

梦里,那个男人终于来了,站在她的床边,拉着她的手,要把她带走。那个男人对她说:"走走走,带你走么好了。你这样太孤独了，跟我一起走吧。"

那个男人是她的先生。

她爬起来，看着家里挂着的两幅照片，一幅是结婚三十周年时，她与先生补拍的婚纱照，另一幅则是先生的遗照。

直到这时，她才突然清晰地意识到，自己已经很久很久没有梦到他了。

第二天，她按照云南嫂嫂教的，烧了几个菜供一供，泼了点水，对遗照拜了拜。随后取下了床头的结婚照。

尘封的老吉他

先生邱启任生前是浙江大学生物系教授，2005年离世，当时她才六十一岁，甚至还没习惯当一个"老年人"，还作为体委成员，四处跑来跑去参加健身球比赛。

所以当先生突发高烧入院，并在两个月后因并发败血症离世时，她甚至反应不过来——"无法接受，混里混沌。"

死亡从未如此清晰可见，就在她面前。那时她笃信，自己很快也会跟他一起"走了"。不出门，不吃饭，每日郁郁寡欢，怀疑自己胃里有病，好像潜意识里在等待着自己终日的到来。

没等到先生，先等到了云南的姐姐。姐姐把她领出门，带回老家玉溪散心。李健在《抚仙湖》里写："爱恨离别的我们，多为难呐。转身而去的瞬间，是天涯。"太美了，就在抚仙湖边，她一住半年。

回到杭州后，她看起来似乎一切正常，但儿子知道，母亲的性情变了。原本积极活跃的董云蓉，对生活没了兴趣，脑子稀里糊涂的，总以为先生还在书房里看书。有一天，儿子在《钱江晚报》上读到老年大学正在招生，赶紧拿来给母亲看。他似乎预感到，母亲会对其中的吉他班有些兴趣。

董云蓉第一次听到吉他弹奏，是在老杭大里上班的时候。那时老杭大中间有一片大草坪，时常有东南亚的留学生在草上席地而坐，拿着一把吉他悠闲弹唱。她听不懂留学生们唱的内容，却不由自主地驻足聆听，被琴声感染，内心欣羡不已。

事实上，董云蓉家里一直藏着一把古老的吉他。1989年，做翻译的女儿，招待了一组来杭州的日本客人，客人临走前，把吉他送给她女儿以表感谢。但当时，家里没有人会弹吉他，这把吉他就这么在储藏室里堆灰，等待十八年后的这一天。当董云蓉翻出这把几乎被人忘记的老吉他时，琴弦有些锈迹，音也不太准，但是一切已然就绪。这一年，她六十四岁。

吉他班每周四下午开课，老师姓金，四十多岁开始自学吉他，后来在老年大学开班上课。董云蓉的那个吉他班里，起初有三十七个学生。料想不到，学吉他最难的在第一步，压弦就是道坎。"老年人手指力道不够。按得轻，琴弦声音不到位。按得重，指尖卡到钢丝，痛得要命。只能接一盆冷水放在旁边，痛得不行了，就把手放进去浸一浸。痛了一个月，手上起茧就好了。"

董云蓉说话温温柔柔，但是性子里有韧性，一旦起了头，就会百分百投入。老年人的另一个难点是记忆力。烧饭时把谱子放在一旁，炒炒菜、记记和弦；接送孙女去少年宫学琴时，背着吉他出门，孙女在里面练，她在外面练。

她几乎时刻沉浸在吉他的世界里，哪怕在运河边散步，也会下意识地伸出双手练习指法，左手按和弦，右手拨弦，弹空气吉他，加强记忆。这渐渐成了她的习惯。很久以后的某一天，她在电视上出名后，一个陌生人在运河边突然拉住她，"他说他现在终于搞明白我在干嘛了。他经常在河边看到我，两只手凭空不知道在摆弄什么"。他那时候肯定觉得，这个老太太神神道道好奇怪。

董云蓉学会的第一首曲子是《小草》。她也把这首歌曲教给了孙女邱鋆涵。小邱今年大四，在国外留学。童年记忆里，小邱的每天早晨是被奶奶或温暖或生疏的吉他声唤醒的，她也成为自己这位努力又勇敢的奶奶的第一个小粉丝。

那年清明，董云蓉背着一把老吉他，孙女背着一把小吉他，一起去给先生扫墓。还在他的坟前，做了一场汇报演出，弹唱了一首《丁香花》——"那坟头开满鲜花，是你多么渴望的美啊。"

网红"颤音奶奶"

2010 年，董云蓉背着她的这把老吉他，再次踏上了去云南的路。去同样的地方，见同样的亲友，此刻她的心境却截然不同。为了让一直对她放心不下的亲友们知道，她如今生活得很好，她还专门赶在出发前，让儿子帮她开通了优酷账号，并以

"董云蓉"这个网名，第一次拍摄下自弹自唱《丁香花》的视频上传。

当她上传弹唱周杰伦的《彩虹》时，她的视频第一次爆了，一下子有了近三十万点击量，网友们都对这个新潮的老太太赞叹不已，其中也包括一位电视台导演。

这位导演来自深圳电视台，听到她的弹唱，立刻联系了她，邀请她到电视节目里表演。在了解她的经历后，还提议说她的声音像王菲，特别适合唱《因为爱情》。董云蓉其实当时也没搞清楚那是什么节目，但是她从来不怯场，受到导演的鼓舞后，兴致高昂地让儿子帮忙下载了《因为爱情》的曲谱，带着谱子跑到班里，请求老师教她弹唱这首歌。

一个月后，她的《因为爱情》火了，王菲转发并赞叹道："唱得我肝儿都颤了。"从此，董云蓉在互联网上有了一个新名字，"颤音奶奶"。

采访、节目邀约接踵而来。而让她惊喜的，是那些真挚的听众。有一个网名"高伴音"的朋友，还邀请她一起写歌。事实上，这位网友只是一个普通大学生，并非音乐从业者，但看了董云蓉在《中国达人秀》的演出后深受感动，专门给她留言，还讲到了自己热爱弹吉他的父亲。后来，董云蓉以丈夫送她的蓝色丝巾为题，写了词，发给"高伴音"，由其完成了谱曲。

"那年冬天，你望着我的眸，说这次你先走。蓝色丝巾也随风飘，飘到世界的那头……"董奶奶轻声弹唱，像是吹来一阵追忆的风，吹散采访当日杭州四十摄氏度的酷暑。寂寥的小调旋律配上董云蓉倾诉般的歌声，充满诗意与感怀的苏维埃气息，让人想起《红莓花儿开》。

有意思的是，人们感动于她与亡夫的深情，她的态度倒是很杭州人，"上了台，他们让我对先生说几句，那么我就说几句"，顺势而为，又不太当回事。故事都是真实的，电视节目很会挖掘，但这位酷奶奶六十岁以后开始的人生，不只是因为爱情。

多年后，当董云蓉带着自己的摇滚乐队，穿着皮裤在台上翻唱新裤子的歌，大家才发现，这个温柔深情的老太太，骨子里有着远超人们想象的潇洒和热忱。

西湖边的风荷乐队

回到吉他班刚开班的第一个月，三十七位同学中，已经放弃了一大半。很快，班里只剩下了最后四个人。为了彼此督促，找到乐趣，每周四下午学完课，四个老伙计，加上隔壁班硕果仅存的一位同学，就会相约一道练习。

练习多少有点吵，要找个地方不容易。去过 KTV 的包间，那里隔音好、有空调，成员们有时点歌练唱，有时背着乐器进去练弹。也去过各个公园，大关附近有一个。杭州的春、秋天，天气不太冷不太热，公园是不错的选择，当然，大多时候会去西湖边——这是杭州人的"最大公约数"。2009 年，风荷吉他乐队诞生，名字就是取自曲院风荷的一间亭子。

有一次，其中一位成员在湖滨听到一个大学生在街头弹唱陈楚生的那首《姑娘》，觉得好听极了，就直接上前"拜师"，问小年轻能不能教他弹。小年轻是从北京来杭州旅游的，看着西湖美景兴之所至，便弹弹唱唱，没想到居然能结交到这么一个大龄乐队的忘年交，后来果真来到董云蓉家里，教大家弹会了这一首《姑娘》。大家一起吃了一顿董云蓉做的饭。

排练辗转过很多地方，直到 2021 年，多亏了大关党群服务中心，风荷乐队得以在每个星期二下午免费使用社区空间排练。"有空调，有开水，有电梯。我们也终于结束了在公园风吹日晒排练的日子！万分感谢！"

乐队的人来来去去，董云蓉欢迎所有想加入的朋友，最多时有近二十人，乐器搭配也越来越丰富。有段时间，乐队常去其中一对夫妻的家里练习。"他家就他们两人，不会打扰。各自在家烧点菜，带过去，他们准备点蔬菜，大家就那样待一天。"练习是一部分，吃吃玩玩也很重要，听起来很像大学里的社团。男主人会拉大提琴，董云蓉会吹口琴，乐器开始有了多样性，几人编写和弦，相互搭配演奏，个把星期下来，总能练成一两首。后来男主人患癌症离世，董云蓉看着他的妻子走过和自己相似的路。"她很胆小，不敢一个人，有一阵子总来和我一起睡。"

乐队的第一次公开演出，是一场公益演出。那时董云蓉和风荷吉他乐队已经小有名气，在富阳一间学校的邀约下，她们赶在清明节前，为学校里的盲人学生，做一场吉他弹唱的演出。临出发前，有两位成员来不了，好在关键时刻，一个意料之外的人自告奋勇，和风荷乐队一起去演出，那个人就是董云蓉的孙女小邱。那一年，小邱刚上小学五六年级，站在老太太和老先生中间，唱得最大声，丝毫不怯场。

董云蓉还记得，台下的盲人小友们起初懵里懵懂，不知道这场演出会发生什么。但当乐队弹唱到《小草》时，盲人小友们也开始情不自禁地大声跟唱："我是一棵无人知道的小草，从不寂寞，从不烦恼……"无需更多言语，音乐似乎已经打破了某种无形的隔阂。那个场景让她格外动容。原本以为弹吉他只是老来消遣，却没想到，这样的公益演出能够与各种各样的听众，产生心灵的联结，乐队的一切开始有了新的意义。

咖啡与速效救心丸

此后十多年，风荷吉他乐队致力于公益活动，也时常受邀到各地参加演出，长沙、山西、上海……有时主办方想要给董云蓉一些酬劳，但乐队成员们总说不需要，只要对方解决车马食宿问题即可。每次出发，大家就像组团出门旅行一样，唯一不同的是，大家会带上乐器。

有时，老年人集体出行也会徒增不确定性。天津卫视的那次经历最磨人。董云蓉带着乐队里最年轻的一位六十岁"小姑娘"早早抵达台里，却因为其他节目彩排出现的各种状况，两人傻傻等了十几个钟头。等到凌晨两点，两人体力不支，表演时只能强打起精神。董云蓉形容是"生生靠咖啡和速效救心丸硬撑下来"的。有时，老人就像孩子，生起气来，说不演就不演了，董云蓉也得哄着老小孩们，协调各种关系。

2018年,第一次参加《星光大道》的风荷乐队一行人浩浩荡荡,夜里出发,从杭州坐火车睡卧铺花十多个小时到北京。卧铺本就人少,乐队十三人几乎承包了车厢,于是大家一路排练,直到清晨五点抵达北京。对那一次演出,成员们尤其紧张和重视,因为这是风荷向摇滚的第一次转型。

在《星光大道》导演的启发下,风荷想要再大胆一点、再年轻一点。于是开始融入摇滚的元素,招来了架子鼓手、贝斯手。成员们穿着六十块钱的皮裤,第一次站在台上,演唱了汪峰的《飞得更高》。

回到二十年前,董云蓉恐怕想象不到,六十岁以后的生活会如此充实而忙碌,一百个人生第一次,正在由她缓缓开启:她会第一次作为火炬手参加亚运会;会第一次走进央视参加《我要上春晚》;会第一次穿上、红马甲担当志愿者,参与教导老年人学习智能设备的公益项目;会第一次演唱新裤子乐队的《你要跳舞吗》;去年她的故事还被文牧野导演的团队看中,不久后,她的名字将第一次出现在电影里……

七年前的一天,她在回家路上,看到一个小孩子正不知所措地蹲在一只奄奄一息的狸花小猫身边。董云蓉于心不忍,把可怜的小猫抱回了家,但她没有养过猫,只好向邻居家求助,借来猫粮,慢慢救活了小猫。她给自己的第一只小猫取名咪咪。

如今的董云蓉,已经八十一岁,但她无心走向死亡,只是一刻不停地热烈活着。

流动的风景线

郑国芬

【漕舫在水上悠悠荡荡,每穿过一个斑驳古旧的桥洞,都有一种仿佛穿越回到了古代的恍惚。一路下来,景色曼妙,心情怡然。】

1

开船是不是比开车简单容易?

坐在武林门码头一艘巴士船上,两边杨柳青青,河面碧波荡漾,我问一旁的船长许顺龙。

那你错了。许是这样的问题已经不止一人问过,马上被许顺龙一语反驳。

在水里开船，比在地上开车复杂多了。马路上，处处有红绿灯把关，碰到紧急，一脚刹车就能停下。开船呢，一看有情况，马上拉制动，可水流和风速你控制不了的。这两股力推着，船根本停不下来，这时候就很考验驾驶水平了。

不过现在运河里也有红绿灯了，在拱宸桥的南北两面，停留时间一小时。货船和大的客船通过桥洞前，如果遇到红灯，必须靠边，把船拴到岸边的锚地上静静等候一小时，直到变成绿灯才能通行过桥。这样的设置自然是为了保护杭州拱宸桥这座古桥，防止被大型货船交汇时撞击到。

六月的一个上午，正值梅雨季，一场雨刚停，运河上空气格外清新。

对岸的树荫下，一位穿白裙子、撑红色油纸伞的中年女子正在练舞。隔开一百米，几位老人在打太极。

我和许顺龙约在武林门码头的船上采访。

这是水上巴士一号线的第三个站点。从这里乘船出发，一路往北，可以游览大运河杭州段最精华的大兜路、桥西、小河三大历史文化街区，和御码头、富义仓、拱宸桥、高家花园、塘栖古镇等运河历史文化景点；一路向东，经过三堡船闸，可以体验由大运河和钱塘江串起的杭州城市风光。

五十八岁的许顺龙看上去比实际年龄年轻些，壮实、敦厚的中等身材，很有船长的气质——让人有踏实感。

运河里会有什么情况呀？我好奇地继续追问。

运河虽然不比钱塘江波涛汹涌,还是会有你想不到的未知情况。在繁忙的运河上,除了来来往往的水上巴士,还有途经的货船。以前,货船上没有高频对讲机互通信息,你开着开着,冷不丁前面桥洞下,开过来一艘沉重的大货船。相比于运河巴士,货船就是个庞然大物。吨位重,铁皮包身,要是跟它撞上,就跟马路上电瓶车撞汽车一样。你别看水面波澜不惊,坐在驾驶舱里,一刻也不能开小差的。

若是遇到强对流天气,比如刮疾风下大雨的台风天,船在水上,如果把控不稳,会失去方向。这时候,就很考验驾驶水平了。

还有,水里的深浅你预测不到,如果没有经验,一不小心搁浅的事也时有发生。

就说考驾驶证吧,也比路上的复杂,必须在船上做满两年水手,才有资格考。这两年,师傅会观察,看你反应灵光,才可以考掌舵的驾驶证。考了驾驶证,又要经过两年磨炼,才能考船长证。

许顺龙二十四岁就考出了船长证。2008年进水上巴士公司,在运河开水上巴士从没发生过一起有责安全事故。

2

1985年底,十九岁的富阳人许顺龙招工进了杭州航运公司,却不想,这一生就与运河上的船结下了缘。

一开始,在运河货船上做学徒。许顺龙还记得师傅叫朱广恩，很严格，也很严厉。许顺龙脑子灵，又肯吃苦。按行业上的规定，学徒要被师傅考察六个月，可以胜任的，留下，胜任不了的，就劝退。才两个月，师傅就放手让他独立顶班了。

做的是货船上水手的活。那个时候，上海在黄浦江上造大桥需要大量沙石，货船从杭州装上獐山的黄沙石子运到上海，再从上海运回来煤炭送到康桥电厂，来回一趟要六天时间。

那个时候，运河两岸都是一些老的旧厂。"这个地方，原来是一个很大的炼油厂。"许顺龙指指船窗外，对面西湖文化广场高耸的环球中心说，"以前排污设施不好，水哪有现在这样干净，简直是又脏又黑又臭。"

船里的条件当然也好不到哪里去，六七平方米的睡觉地方，四个大男人睡高低铺。从杭州出发到上海，这六天，吃喝拉撒全在船上。关键是枯燥啊。一天八个小时的轮班，守着一船黄沙石子，和一条长时间波澜不惊的水路，几个男人都学会了喝酒解闷。

到了上海的码头，几百吨的货船要靠岸，得靠船员用竹篙撑过去。好在年轻，不怕吃苦，有份工作能挣钱已是不易，许顺龙很珍惜，因而干活也很卖力。

不甘心做没有技术含量的水手工作，两年后许顺龙就考了驾驶证。

依旧在航运公司上班，不同的是这次不是在货船做水手，而是在拖轮上开船了。

做水手，只要看住河里什么时候要转弯了，及时把船打个方向借出去，到了码头撑竹篙安全靠岸，把缆绳系好。在拖轮上，就是把舵手，后面拖着十来艘货船，全靠前面的拖轮带着走，肩上的分量自然就重了许多。一个单趟三十六个小时，每次只有顺利到达上海港码头，许顺龙才能松一口气。

江上的情况变化莫测。相对于浩瀚无际的江面，再大的轮船，也像风中的叶子般无着无落。长年的船上工作练就了许顺龙应急队员般的身手和性子。

大冬天睡在船板上值班，半夜遇到紧急情况，一个激灵从被窝里跳起，顾不上拿衣服，穿着短裤就跑去外面察看险情。

风高浪急的时候，船要靠岸，这头甩出去长长的缆绳，扯开嗓门儿大喊：快！接住！那头岸上人若是反应慢一拍接不住，几百吨的船就会被急浪冲走。你说怎么不急！船上待久了，个个都练成了大嗓门。

说话的当儿，船就要开了。

我们坐的是一艘名叫"暖波"的加班船，是 2023 年亚运前投入使用的新能源巴士船。湖蓝色的座椅干净齐整，两层船舱空间宽敞明亮。开船的船长小谭，七年前大学毕业就进了水上巴士公司。清瘦、干练的身材，也许是长期户外工作的缘故，皮肤显得有点黑。值得一提的是，因为工作出色，2021 年小谭被当时的运河集团评为"最美运河人"。

"很多年轻人干了不到两年就走了，现在正规交通学校毕业能留下来的，就小谭和另外一个。都嫌开公交船没成就感，每天烦琐的服务工作，没有足够的爱心，做不长。"看得出来，这位老船长对年轻船长小谭满是赞许。

加班船只从武林门码头开到拱宸桥,这是运河杭州段最热闹繁华的地段,一百十七个座位很快就坐满。我以为今天是工作日,早上又下雨,坐船的人应该不会很多,这样的情况多少有点出乎我的意料。

"经常要安排加班船。一天四艘固定巴士船,三十二个班次根本忙不过来。工作日少一些,双休日和节假日更多,碰到重要节日,全公司人都要来加班。谁叫现在水上巴士是杭州一张金名片了呢!坐巴士船游运河,风景又那么美,本地的、外地的,人不要太多。"

一路聊着,我发现许顺龙说话语气温和,神情平静,看不出曾是一个在江上走南闯北的船老大。许是后来在运河水上巴士的工作经历磨炼了他这样和气的性格吧。我想。

时有船只从对面或身旁驶过,许顺龙会停下来,指给我说,这是最早的水上巴士"运河号",那是大运河诗歌主题的游船"运河诗社号"。我问许顺龙,后来怎么会来开水上巴士了呢?他的回答非常符合一个中国人的传统观念——还不是为了能顾家。

2002年,杭州航运公司改制,下岗的许顺龙跑去个体船上打工。没有休息天,一年到头都在江上讨生活。俗话说:"人生三大苦,撑船打铁磨豆腐。"二十几年的船上生活让许顺龙感受最深了。做打铁、磨豆腐的活,好歹还着个家,做船员,就像水里的浮萍,走南闯北的船就是他的家。虽然自己多少也习惯了,但一年年这样在外漂泊,越来越觉得愧对家里的妻子和孩子,更对不起日渐年老体弱的父母。

3

在我看来,许顺龙的船上人生以 2008 年为分界线:2008 年之前,是轮船上走南闯北的江湖船老大;2008 年之后,是巴士船上兢兢业业的暖心船长。

2004 年,杭州水上公交巴士正式开通。

一条一号公交线——从拱宸桥到艮山门码头,四艘公交船——钱江号、运河号、西湖号、西溪号,开启了全国首个市区运河主干道水上公共交通线路,也是京杭大运河上唯一的公共交通线路。

四年后的 2008 年,为打造杭州水上旅游黄金线,杭州市水上公共观光巴士有限公司投入第一代被称为"杭州贡多拉"的运河漕舫。

四十二岁的许顺龙凭着二十几年的船长经历,顺利被招进公司。

如果说开拖轮更考验技术的安全性,开水上巴士则更需要耐心和细心的服务理念。

早些年地铁还没开通时,一号线上基本是本地市民。一大早一船的上班族,下午一船的退休老头老太。

"坐运河的船去上班,哪个城市有这样的幸福?也就杭州了。"

许顺龙记得坐船去上班的每个人,哪个码头有谁,有几个人。

有时开船时间到了,人还没到,会特意迟几分钟发船,等一下。

有一次船已经开了一段路,看到有个人在码头气喘吁吁追上来,就又倒开回去把他接上。

也许是许顺龙的"好说话",乘客都跟他成了朋友。

有件事说出来谁都不信,很多老乘客把东西落在船上都不担心,因为他们知道许顺龙肯定会帮他们保管好,过几天来取都不成问题。

后来,杭州地铁线路四通八达,坐船上班的人少了,外地游客却多了。经常有外地导游带着三四十人浩浩荡荡地来坐船,也有学校老师带一个班的学生来坐船。

大运河就像一条纽带,将运河沿岸的历史街区、古塔古桥、寺庙书院、名人故居串珠成链,形成一条绚烂的运河文化带。运河上的公交船更是吸引了许多游客从全国各地赶来体验。

而三块钱的船票价二十年来从未改变,客流量不晓得比以前多了多少。

"要说开水上巴士和跑运输的拖轮有什么不一样,那就是开水上巴士更需要耐心和爱心吧。"

当然也有过离开的念头,一是觉得相对个体船,这里的工资比较低;二是觉得一个大男人,面对服务型的工作,也实在有些琐碎。但最终,还是留了下来。

既然决定留下来,骨子里的认真劲就来了。

最开始，许顺龙担任"拱宸号"漕舫的船长。新式的船型、进口的主机、高精密的设备，即便对许顺龙这样的老船长，也是一种新的考验。但这并不能难倒认真的许顺龙。他每天白天开船，晚上钻进船舱研究，直到把这些设备摸熟摸透，终于研究出适用于漕舫操控、驾驶、维护的"土办法"。据说，当时天津、兰州、宁波等地的船务公司都曾派人来杭州求教取经。

后来，许顺龙接手一号线当时载客量最大的"西溪号"。每天七点二十分第一班启航，许顺龙六点就起床了。先把船里里外外清洗干净，吃好早饭，七点钟，许顺龙的船就雷打不动地停在武林门码头了。

"在运河上开水上巴士、漕舫，与沿海开货船、游艇，虽然原理相同，但还是很有区别。因为航道狭窄，再加上船上坐的都是乘客，可能还有很多老人、小孩、孕妇，要极力避免船舶碰撞。岸壁效应造成的船体颠簸会让人不舒服，严重的还会给人造成伤害，所以一定要求稳。"这是许顺龙对年轻船员经常说的话。

几年的公交船驾驶经历，把许顺龙从一个身手矫健的猛汉子，妥妥地打磨成一个平和贴心的热心暖男。但是，一度想要顾的家，还是没能顾得上。

都说好女不嫁撑船郎，许顺龙这辈子最对不起的，就是在富阳老家的妻子了。

2016年，许顺龙被公司任命为公交船队队长。那年杭州开G20峰会，水上巴士是杭州一张金名片，可把许队长忙坏了，整整四个月愣是没回过一趟家。

也是在那一年，许顺龙被评为杭州市劳模。

说起2023年被选为亚运火炬手这事，还出了点乌龙。第一次接到短信，许顺龙想，现在的骗子胆真够大的，连这个也利用。第二次接到电话，许顺龙回了过去：我是不会相信的，除非公司通知我。直到公司把亚组委发来的公函拿到他面前，他才真的信了——他被选定为第十九届杭州亚运会嘉兴站火炬手。

我始终相信这一句话：你种下什么因，必会收获什么果。不论做什么，只要认真踏实地做，都会收获肯定和认可。许顺龙的经历也正印证了这句话深刻的内涵。

说话间，京杭大运河南端的地标拱宸桥渐渐出现在了前方。桥上如织的人流，岸边的白墙黛瓦建筑群如画般展现在眼前。

船靠岸。早已有身穿橘红色救生衣的水手和轮机员守在船头船尾，拴好缆绳，一脚踩船上，一脚踏在岸上，把游客一个个往岸上送。而岸边的码头上，等待坐船的游客也早已排成了一条长龙。

对许顺龙的采访也结束了。我跳上码头，挤进热闹的人群里和他挥手告别，向运河广场走去。

想起今年初夏时，一个人去坐东河的水上巴士七号线。从坝子桥码头登船，坐上古色古香的漕舫，一路古桥目不暇接，岸上老屋檐廊下，行人闲适安逸，仿佛时光都慢了下来。漕舫在水上悠悠荡荡，每穿过一个斑驳古旧的桥洞，都有一种仿佛穿越回到了古代的恍惚。一路下来，景色曼妙，心情怡然。

我突然就想，运河的美，不仅仅在她的自然风光吧，这些在运河上默默奉献的人，让她更多了一份温暖和感动的美——一种触动心灵的内在的美。

很想问问再过两年就要退休的船长许顺龙：如果有下辈子，还会选择做船员，过船上的人生吗？

我猜他必定会这样回答：下辈子太长，还是认认真真做好这辈子的事，无愧于心，就好。

时间在拱宸桥上眨眨眼

半文

【拱宸桥上每一块石头,新的老的旧的残破的,被水冲过,被风刮过,被阳光风化过,被大船撞击过。这些,就是时间和岁月留给我们的痕迹。】

1

2024 年 7 月 28 日傍晚,五点多,我穿越运河广场,穿越四十摄氏度的高温,遇见夕阳下迷人的拱宸桥。古老的石阶,泛着时间深处的光芒,一级一级,向着澄澈的天空而上。若沿石阶，不断地往上走，往上走，可直上青云，漫步云表。男的女的、老的少的，人来人往，拍照、打卡。我蹲下，拍照。桥上的人，都倒映在天上。我现在很喜欢用这样一种仰望的视角来拍摄一些属于时间和神性的事物，譬如拱宸桥。

桥脚立碑，碑上有文。拱宸桥始建于明崇祯四年（1631），横跨运河东西两岸，桥形高大雄伟。桥身长约九十二米，高约十六米，是杭城最高、最长的石拱桥，也是京杭大运河最南端的标志。

樗蒲一局，斧柯尽烂。四百年，不过岁月长河浪花一朵。桥南侧有楹联："创建取壬方，刚出武林十里；营修逢癸岁，是为光绪九年。"清朝光绪九年是1883年，这古代工匠留在桥身上的文字痕迹，算起来，又是一百四十余年过去了。和一座桥相比，和一块石头相比，人这一生之短，几可忽略。

我拾级而上，过桥，如穿过时间的河流。在桥顶，遇一年轻女子，穿国风女装，坐石椅，持折扇，上书"无事小神仙"字样。身后，是苍老的石头，是流淌的运河。

马崇炎，台州人，九〇后。他说：十年前，他在运河边定居。日日听见运河水，天天走过拱宸桥。因"运"而生，天天走"运"。十个年头，三千多个日日夜夜，重叠。经常走"运"过"桥"，他发现会有很多的变化，交通的、配套的、商业形态的，树的、花的、草的，光的、影的，不断的新的变化。时间像运河水，穿过人的肉体。运河水，已流进了他的血脉。拱宸桥，亦像个亲人。

在生活中，我们发现，和一样事物长时间相处，会产生一种异样的情绪，像身体无法割舍的一个部分。虽然是新杭州人，但马崇炎对运河、对拱宸桥，有了近于故乡、近乎亲人的情愫。2014 年，中国大运河成功申遗，恰好是他来运河边定居的日子。冥冥之中注定的缘分，2024 年，他决定为大运河做点什么。

2

他很忙，行程很满，约了几次，终于有机会去拜访。

下桥，是桥西历史文化街区。过方回春堂，沿桥西直街往南。两边，粉墙、黛瓦，瓦片之上，开满橙色的凌霄。枫杨树最好，为游客挡日光，送风凉。运河边，几个七八岁的孩子，围着一个年轻的老师，画一座桥。桥是拱宸桥，笔是彩绘笔。一个孩子说："我想在这里画一棵枫杨树。"老师说："可以。"另一个孩子说："我想加一朵凌霄花。"老师说："也可以。"于是，画面上，石头、拱宸桥、枫杨、凌霄，稚嫩的手指，苍老与稚嫩，遥相呼应。

一路往南，陶一天陶艺、大运河国医馆、觅会 Mystery、桥西人家、花间一壶酒、微景四季、晓风书屋、来杯咖啡、小钵头甜酒酿……一家家充满诱惑力的店铺，亦如一朵朵凌霄，在老街两边次第开放。

展厅在拱宸书院对面的大运河数字影像馆。它沿河而建，南北走向。南墙，展陈拱宸桥朝南那张脸。北墙，看到一座桥朝北的侧面。这是一座熟悉的拱宸桥，亦是一座陌生的拱宸桥。

"我问游客，与真的拱宸桥比，有什么不一样？他们有的说一模一样，有的说完全不一样。但这两种答案都没问题。因为它们的确很像，但它们也的确不一样。"他说，他想用光和影重新构建一座拱宸桥。作为一个视觉工作者，他要用镜头来解构和重建这座与他朝夕相处十年之久的拱宸桥。

那么，如何呈现一座桥？

这是一个问题。有一段时间，他常常思考这个问题。走在运河边，走在桥上，走在梦境里，这个问题会不自觉地浮上来。坐在运河边，他和朋友喝茶、聊天，也会不自觉地聊到这个话题。呈现一座桥的方式，有Ｎ种。譬如，用实体的，木的、石的、竹的、塑模的，按比例立体地还原一座拱宸桥。譬如，用雕刻、用泥塑、用铜雕、用布艺，创新地呈现一座拱宸桥。譬如，用绘画、用镜头、用文字，艺术地解构一座拱宸桥。如果用绘画，可以用西画、用国画、用水彩、用漆画、用烙画，等等，可以有各种不同的呈现方式。作为一个视觉工作者，马崇炎当然想用自己擅长的方式，用光与影、用像素、用镜头来真实地、艺术地再造一座拱宸桥。

但即便用光与影，呈现的方式也有很多种。拍全景，拍视频，拍纪录片。三百六十五天，每天拍一张，记录拱宸桥的每一个日出与黄昏。每季一张，体现拱宸桥的四季变换。可以俯拍，让人看清拱宸桥整张沧桑之脸。亦可以侧拍，可以仰拍，可以四十五度拍……

"不论哪一种，别人都已经用过了。"他说，"拱宸桥就像一位明星，数百年时间里已经被无数人用无数方式记录，被无数的镜头，各种角度、姿势定格。"

"我一直没有那样拍，因为别人都拍过了。"他说，"我喜欢去做别人没有做过的东西。我喜欢做全新的东西，有挑战的事情。"

3

"其实，谜底就在谜面上。"

有一天，马崇炎突然发现桥侧立柱上的一些文字，好像从来没有人能把它们真正看清过。于是，他第一次尝试用无人机近距离地去拍这些文字。"很多时候我们在寻找谜底，其实，一座桥的谜底已经写在了它的脸上。"

石头会记住很多东西。拱宸桥上每一块石头，新的老的旧的残破的，被水冲过，被风刮过，被阳光风化过，被大船撞击过。这些，就是时间和岁月留给我们的痕迹。明朝、清朝、民国、新中国，记录着不同的年代和光阴。

他说：你想要记录的一座桥的变化、历史的痕迹，这些都写在桥身上。只是，我们平日没去细细地观察。当你走近，便仿佛看到了一座全新的拱宸桥，原来自己如此熟悉的拱宸桥它还有很多秘密并未被发现。只要完整地展示这座桥，就能发现这座桥所有的秘密。

"迤逦近重城，看半道春红、河塍晚翠；迢遥通一水，数支分苕霅、路入江淮。"

这是马崇炎在桥南侧中孔立柱上拍摄到的一副楹联。

重城，即杭州。半道春红、河塍晚翠，是旧时杭州"湖墅八景"中的二景。"迢遥通一水"，这"一水"就是京杭大运河。"苕霅"，即苕溪和霅溪。"江淮"是长江、淮河，旧时极重要的水路。拱宸桥，是运河南端的终点。远行的游子，自运河上缓缓归来。望见拱宸桥，就是望见了家乡。远行的杭州人，回到了拱宸桥，便是回到了故乡。

阅读杭州，阅读运河，桥，是一把钥匙。既然决定以这样一种方式呈现一座桥，马崇炎便立即付诸行动。

4

2024年的春天，在拱宸桥上来来往往的人们，会发现一个特殊的人。人们会奇怪地发现，他控制着无人机，一块石头、一块石头地拍摄一座桥。好像从来没有一个人这么拍摄过这座拱宸桥。

他拍下了桥南桥北一块一块石头，对每一块石构件进行编号，最后的成品是一千四百十五幅高清的影像。一块一块拍了三周，又一块一块拼了两周多。

马崇炎第一次这么近距离地用无人机拍摄。两边引桥略宽，主桥桥面略窄，侧面有一定的弧度。无人机无法保持平行和足够的精准，拍出的照片会有透视关系的变化。

"我预计到了用无人机拍摄的难度，但我没估计到后期拼贴的难度。"他说，"这是我近几年熬夜最多，通宵最多的一次。

因为注意力要非常集中，稍不留意，就出错。当你注意力高度集中的时候，困感就消失了，时间会过得很快。常常拼着拼着，天就亮了！"

天亮了。太阳出来了。这太阳，似乎也是他拼出来的。

拍摄，要避开雨天，避开正午的太阳，尽量在光线对比不强的时间拍摄。有时，为拍出好的效果，要重复拍。拍着拍着，发现原来没有草的地方，长出来一棵草。后来，又没了。草长了，草没了。人来了，人走了。时间在镜头下流淌。一天，一周，一年，百年。时间如悬崖，每一秒都隔天堑，回不去，跨不过。我们，总打不过时间。然而，它们，在一座桥上相逢，凝固。凝固的，不只是几百年的时间。桥上的每一块石头都有上亿岁的年纪。它们自远古走来，走过明，走过清，走过战火，走进新中国的繁华。

"我这是第一次用拼贴法创作，我想到了会很难，但没想到会这么难！"上下左右的位置要调整，透视关系要处理，还有明暗、色温，因为要呈现给观者一座整体的和谐的拱宸桥，有很多的细节需要处理。

在拼贴中，马崇炎通过调整，做了技术的处理，把不同时间不同空间的照片调成了一座统一的和谐的拱宸桥。而且他保留了桥柱上的一片小小的夕阳，保留了拱券上的流水，保留了桥面上来来往往的人流，保留了桥下千古长流的运河水。

展厅，这座拱宸桥凝固了不同时间和空间，男的女的老的少的，早晨、黄昏、花草、爬虫，层层叠叠地凝固在一起。用一幅作品，为你保留了一个黄昏，保留了一棵小草，保留了一只蚂蚁，保留了每一丝风、每一缕光、每一声鸟啼。让所有这些如此和谐而美好地凝固在同一个瞬间、同一座桥上，这是一件十分奇妙且美妙的事情。

我和他一起站立在一座光影构建的桥的前面，他告诉我：在桥的东侧，那个你看不清面孔的人，是他自己。

他在作品的一个小小的角落保留了一个小小的自己。这，或许，是他对于这一次创作的一个小小的纪念。

5

用四千八百万像素的超高清摄像头，一块石头一块石头地拍摄。我想象他拍摄一座桥的画面，计算画面的像素：4800万×1415=6792000万。如果算上拍废的、删除的片子，肯定数倍甚至十数倍于成片。

一块石头一块石头重新拼接而成的拱宸桥，在展厅呈现的，是十五亿像素！

像素，是构成数字图像的最小单位。像素的多少，是影响图片清晰度的重要因素之一。十五亿像素是什么概念？美国国家航空航天局（NASA）与欧洲航天局（ESA）利用哈勃天文望远镜拍摄了仙女座星系的多张照片，最终拼接合成巨幅图像，分辨率高达15亿像素。

在我的想象中，十五亿像素，就像十五亿个汉字，构成了一部皇皇巨著。亦像十五亿个人，一起站立在了同一座桥上。

光叠着光,影叠着影,汉字叠着汉字,石头叠着石头。

在大运河数字影像馆展厅,马崇炎和我分享拱宸桥的每一个秘密:拱券上某次测绘留下的一个徕卡标记,桥身侧一个小小的平安符,不知谁失手遗落的饮料瓶,桥拱下那些幼小的飘摇的苔藓,石缝里努力生长的树苗……

谜底都在谜面上。十五亿像素,打开了一座桥的所有的秘密。这是一座熟悉的陌生的桥。来参观的每个人都知道这是拱宸桥,但每一个人都从来没有看到过这样的一座拱宸桥。

十五亿像素,这是目前数据量最大的拱宸桥影像文献,甚至完全可以一比一地还原一座拱宸桥。

拱宸桥长九十二米,高十六米,为三孔薄墩连拱驼峰桥。最终在展厅墙面呈现的这座重新构建的马崇炎自己的拱宸桥,长九点二米,高约一点六米。十分之一大小。"十",似乎也是冥冥中的一种呼应。

这一年,马崇炎定居拱宸十年,拱宸桥成功申遗十年。

6

大卫·霍克尼(David Hockney)1986 年创作的经典作品《梨花盛开的公路》,将在同一空间拍摄的照片剪辑拼贴,调整各种方位的透视关系,最后呈现出一个奇异的空间蒙太奇。所有的部分都得到了清晰地呈现,所有的细节都明明白白,连观者自己也仿佛被一览无余。

虽然有前人可借鉴的经验,但这次的拼贴还是与之前的创作有很大的区别，马崇炎说："我这是第一次用拼贴法创作，我想到了会很难，但没想到会这么难！"

策展，上墙，执行策展人说："以为不过就是个拼图，很简单的事，所以，非常愉快地答应了下来。结果，是个坑。"现场看，桥北面，东侧，胶带密集，一小块，两百多张。"两个人，三班倒，拼了两天两夜。头一天拼好了，第二天掉下来一半。第二天，补上，继续干。"马崇炎说，"坚持很重要！对我来说，坚持比点子更重要！我或许是选择了一个有点笨的办法。"

日拱一卒，功不唐捐。有点笨的办法，亦会有美好的收成。九〇后的他，是年轻的，向上的。他的未来有无限的可能性。而无限的可能性，是事物最迷人的部分，也是一个人最迷人的部分。

很多人来展厅看拱宸桥，看那些凝固的时间、空间，光线赋予了它很神奇的立体感，人们看到的好像是真的桥，而不是照片。

观展的人络绎不绝。有偶然闯入的居民，有歇一歇脚的游客，更有不少对这一作品感兴趣的远道而来的文艺工作者。

有的人喜欢和南面的拱宸桥合影，这座桥，让他们第一次有机会与一座完整的拱宸桥合影。有的人流连于北面拱宸桥上的人工痕迹。那些拼贴的痕迹，显示着照片由技术向艺术转变的角度。装置、文献、艺术，从来不是孤立存在的。用技术赋能的艺术，这是艺术家对技术构建的保留。

一座桥，是原址保护，还是异地重建，马崇炎用镜头做了探索。浙江卫视，潮新闻，中央电视台新闻频道，不同层级的媒体都开始把镜头对准了这种对文化记忆传承与保护的方式。

我们需要重新认识拱宸桥。这是一座熟悉又陌生的桥。在展厅，我抚摸着那一束被镜头捕捉又被他保留的夕阳，指尖，有时光留下的余温。

采访结束，晚上九点多，手机显示三十七摄氏度。我特地再一次去看它。夜色下，被霓虹照耀的拱宸桥更加迷人。更多的人在这里拍照、打卡。孩子们在台阶上欢快地奔跑。

和一座桥相比，和一块石头相比，人这一生或许是短暂的。但一百年以后，一千年以后，这一座用光与影重建的拱宸桥上，仍会有一缕温暖的夕阳，坚定地保留着前世的温度。

这，大概就是艺术最迷人的部分。这，也是一座桥最迷人的部分。

她一开口,便是整个江南

松三

【袅袅婷婷间,杨崑打开了随身携带的曲谱将韵白念给我听,她说,多美。念着念着,她便不由自主唱了起来。】

是谁说的,深夜把一切都拖拽回古代。

江南的夏日,晨光来得特别早。晨光把那片白墙黛瓦照亮时,运河一带,便从古代醒来了。稍嫌硌脚的青石板街道诉说着慢,岸边高大的榆树垂下青色榆钱串。榆树下,运河之水,轻微拂荡，吃水声咕嘟、咕嘟、咕嘟，似一个渴极了的人在盛夏里尽情吞咽。

穿过空无一人的集市，路过还未开门的餐厅、手作铺子，咖啡馆倒是开得早。游人三三两两，边走边张望。遇见右手边那扇深色木门了，轻手轻脚推开，见屋子深处阳光落在一面屏风上，一段水磨腔旖旎而起：

> 原来姹紫嫣红开遍，似这般都付与断井颓垣。良辰美景奈何天，赏心乐事谁家院！朝飞暮卷，云霞翠轩；雨丝风片，烟波画船——锦屏人忒看的这韶光贱。

一曲《牡丹亭》，从时间深处传来。一曲水磨调，传唱四百年，令多少人心驰神往。

1

这里是依傍着京杭大运河的小河驿国际昆曲会客厅，也是昆曲演员杨崑的个人工作室。

屏风后，杨崑走出来。简单的黑色连衣裙，短发利落，眼神清亮，素面朝天。她走路的样子轻盈雅致，步步生姿。

位于杭州拱墅的小河直街历史文化街区，自宋代以来，这一区域一直是运河沿线的重要区域。如今的小河直街，仍然保持着较为完整的传统建筑风貌，反映着清末民初运河沿线百姓的生活境况。

杨崑说，那些曾如她一般的昆曲中人，几百年前，正是通过京杭大运河往来南北"跑码头"——沿着岸边城市，在丝竹管弦之中袅娜转身,一唱三叹。明代戏曲大家汤显祖至少四次沿着大运河经过小河直街一带,这是杨崑将小河驿国际昆曲会客厅安置于此的重要原因。

杨崑原名并不是"崑","崑"这个字对于一般人很少见,它是"昆"的异体字,是杨崑自己改的名儿。

杨崑真正学戏算晚。当她十七岁考上江山婺剧团时,其他同学大多十一二岁,她属于大龄学童。要知道,京剧名旦梅兰芳八岁学戏,十岁登台。《红楼梦》中,大观园有十二优伶,年纪也不过豆蔻。

但杨崑"入戏"其实又很早。她的母亲十岁以前在上海长大。母亲童年时,常"爬"电车坐两三站去上海大世界看演出。始建于1917年的上海大世界,演出以游艺杂耍和南北戏曲、曲艺为主。母亲与戏曲之间的缘分,从此也未断过。

杨崑出生时,父母已举家回到外婆的故乡衢州龙游。那时候,龙游有婺剧团,而在现在衢州的隔壁——金华,还有武义草昆剧团。回到了乡下,母亲在小学当教师,不过母亲、姨母常参加剧团的样板戏演出。那时候乡下的传统戏曲兴盛,大受民间欢迎,剧种多样。越剧、婺剧、京剧,对母亲来说都不在话下。

家里俨然成了一个小剧场。母亲喜欢戏曲的学生常上门来,三五成群聚在一起,与母亲唱戏。杨崑笑道:"那时候,觉得家里成天咿咿呀呀,可真是吵啊。"

杨崑喜欢自己唱。她说,耳濡目染,不知不觉便被吸引,不知不觉已能出口成曲。中国传统文化的魅力就在这里。

进入江山婺剧团，年龄大，便要把落下的时间与功夫都追回来。但谈何容易。传统戏曲集十八般武艺于一身，就拿最基本的唱做念打来说，此时十一二岁的小同学已能原地做前桥、后桥连着翻筋斗了，杨崑还在努力练习下腰。

练吧，白天练，晚上练，哭着练。

两年后，父亲来剧团看杨崑时都不敢相信自己的眼睛。他发现女儿下腰手能抓着脚了，还会翻前桥、后桥了——虽然前桥翻得略微晃。可别小看这些改变，在两年内有这样的进展，是很了不起的。父亲原本极力反对，学戏苦，军人出身的父亲都担心，但看到了她的刻苦，铁血柔情的父亲反过来告诫杨崑，要持之以恒，不断超越自我。

2

昆曲自明代中期开始风靡。此时，园林兴盛，文人士大夫参与到造园中，也参与到吹拉弹唱的水磨调中。他们度曲、作词，听说，当时如果一个文人不会昆曲，那便如一个唐朝文人不会写诗一样难堪。

和其他戏曲最大的不同，昆曲骨子里的雅，也是从一开始文人的参与带来的。那时候，士大夫皆以家中有昆曲班子为荣。士大夫之间相邀比拼"家班"，成为一种风尚。

这一股风尚风靡大江南北，正依赖京杭大运河的水运。中国戏曲向来有"水路传播"一说。明初时，昆曲起先流行于苏州、太仓一带,后以苏州为大本营,沿着大运河向沿岸城市扩展,最终"火遍"大江南北。那时的昆曲已如水流过境,呈现出"独占"之势,来往各地演出的专业昆班频频出现。

当时还在江山婺剧团的杨崑并不了解这些。只是一次偶然,一缕水磨唱腔把杨崑惊得起了鸡皮疙瘩。

虽名为婺剧团,来自江苏省戏校的老师,也会京剧和昆剧。老师们偶尔唱起,直把杨崑的魂魄勾走三分。她说,当时就一个感觉,太好听了,太好看了,那一颦一笑,一招一式。从此应验了汤显祖那句"情不知所起,一往而深"。

杨崑在婺剧团学戏的第二年,浙江省文化厅在杭州举办第二届全省昆曲青年演员培训班,由浙江昆剧团承办。杨崑想,昆曲为百戏之祖,要学就学最好的。因为学费不菲,父亲贷款支持。当时来培训的演员大部分已有一定的造诣和名声,是公费培训,只有两三个如杨崑一样的新人,自费来学习。

自费也有好处,杨崑笑着说,几个人特别用功。尤其杨崑自己,整天耗在排练厅。白天跟着老师学,晚上自己在排练厅回顾、练习、巩固,隔壁楼住着的老师见排练厅灯还亮着,就走过来看。看见有学生这样刻苦,便倾囊相授,隔三岔五就给杨崑"开小灶"。

后来,杨崑每天晚上来,老师们也每天晚上来,心照不宣。

昆曲的好,实在说不清,也说不完。但昆曲的魅力,汤显祖在《牡丹亭》里"总结"为"情不知所起,一往而深",这是杜丽娘对柳梦梅之情,是汤显祖对昆曲之情,是世人对昆曲之情，也是杨崑对昆曲之情。

十八九岁的杨崑，对昆曲着了迷。她似曲中之人，就知道唱戏，纵然杭州美景如画，也不如杜家那一方后花园。在培训班的日子，每天两点一线，学起来如同海绵吸水。两三个月过去，杨崑便与同学拉开了距离。

20世纪八九十年代，戏曲已经非常不景气了，特别是典雅的昆曲。改革开放吹来了春风，也把许多戏曲演员"吹下了海"。唱戏辛苦，所得酬劳也不多。老一辈演员下海，年轻一辈缺人，可谓青黄不接。老师们遇见这样一株好苗子，欣喜不已。

1994年，十九岁的杨崑背了个包到浙江昆剧团，正式成为其中一员。

进了剧团，演艺事业才开始。没过多久，浙江昆剧团改制，与浙江京剧团合并，成立浙江京昆艺术剧院，总觉得"学不够"的杨崑一下子如鱼得水，得到"传"字辈张娴、"世"字辈龚世葵、"盛"字辈王奉梅这三位昆曲旦行大家的亲传。

不过，好多有才华有经验的师姐也回了剧团。旦角相拼，在人世间，人人都是自己的主角，但在舞台上，又有多少人能当主角。杨崑一度被"挤到"一边跑龙套。

"原来姹紫嫣红开遍，似这般都付与断井颓垣。良辰美景奈何天……"一下子，杨崑的良辰美景就流过了四年。

喜欢舞台和戏曲的杨崑心下默默打算，既然当不了旦角，那自己不如去上海戏剧学院学戏曲舞美和妆造。杨崑也需要寻找新的出路。

3

出乎意料地,去了永嘉。

杨崑至今还记得,坐在瓯江的摆渡船上,心头那种惶然。

又是个偶然,又很突然,还有点儿好奇,这是她第一次乘坐这种可以连人带车的摆渡大船。从杭州坐十来个小时的绿皮火车到了温州瓯江边的码头,上摆渡船,下了船,还要坐一个多小时的汽车才能到永嘉。真正是舟车劳顿。

就在两天前,院长找到杨崑,说瓯剧团要重振旗鼓,百废待兴,什么都缺,需要借省昆剧团有经验的演员过去支持。永嘉山水秀美,但90年代末期交通还不方便,山高水长,路途遥远。院长说,虽苦一点,但是个锻炼的好机会。那就去吧。非常仓促,杨崑心里多少有点委屈。

到了永嘉一看,果然什么都没有啊,演员只是一拨退休人员。幸运的是,当时上海昆剧团也派了好几位老师来支持。杨崑窃喜,有学习机会了。

温州被誉为南戏故里,戏曲传统源远流长,令人耳熟能详的剧目也不少,有《张协状元》《荆钗记》《白兔记》《拜月亭》《杀狗记》《金钗记》《赵氏孤儿》等十六种。

要重建剧团,就得有剧目。第一个剧,大家选的是南戏经典剧目《琵琶记》。它叙述的是东汉时书生蔡伯喈与赵五娘悲欢离合的爱情故事。杨崑又重新唱起了旦角,她扮演贴旦牛小姐,获得了当年温州戏剧节的一等奖。

第二年的下半年,瓯剧团主动上门点名要人,杨崑再赴永嘉，这一次，他们排演了另一出南戏经典《张协状元》。这部戏，六个人演十二个角色，其中有一位老师，一人演了四个角色。杨崑一人分饰"贫女"和"胜花"两个角色。《张协状元》参加了2000年首届中国昆剧艺术节，成为一匹黑马，拿下了"优秀剧目奖"。凭这部戏，杨崑获得舞台表演艺术领域的国家级政府最高奖"文华表演奖"，当时只有二十八岁的杨崑一举成名。

说起来，杨崑的条件非常好，嗓子好、扮相好、身段好，还有悟性，还能坚持。但一个戏曲演员要"出来"，还需要机遇。

杨崑有一位一同学艺的好朋友，也对昆曲一往情深，奈何嗓子不好，身段不够高，只好多演武打戏。但雅致的昆曲里，哪儿来那么多打打杀杀呢？

戏曲是美好的，但对于演员来说，很多时候也是残酷的。

杨崑说，自己无疑很幸运，演艺事业一路都有名师相授。所以，她并不觉得苦。

4

2018年，杨崑将这间古街上的屋子打造成传播昆曲文化之所。小小一方天地里，陈设相当素净，昆曲服饰、头饰，几本曲谱，还有杨崑悉心照顾的十六盆兰花——雅致的昆曲，也有戏中兰花之称。

在杨崑看来，昆曲不仅仅是戏曲，更是了解中国传统文化的介质与窗口。在主题上，昆曲包罗万象，典籍正史、街头小说、宫闱轶事、神话传说都可搬上舞台。在美学上，昆曲有曲调、有诗文、有诗酒花茶、有生活……"昆曲里甚至有园林。几乎空无一物的舞台上，杜丽娘要演出游园的意境。"

昆曲是综合性的艺术。白先勇先生曾说过：昆曲是中国美学理想的集中体现，是中国古典文化高度发达的产物。

当要表现这种艺术时，每个细节都不容小觑。杨崑这样理解《牡丹亭》里将要"离魂"的杜丽娘："画眉时要有画眉的样子，泼墨时要有泼墨的样子，题诗时要有书写的样子。杜丽娘用尽了生命最后的力气，我得演出这种感觉来。"

在昆曲里，旦角戏很丰富。闺门旦戏有《牡丹亭》《玉簪记》《西园记》《疗妒羹》等，五旦戏有《长生殿》《雷峰塔》等，其他如《琵琶记》《铁冠图》《水浒记》等各种正旦、刺杀旦、六旦戏，都有各自不同的代表性剧目和典型人物。这些旦角人物，她们的年龄、身份、地位、命运等等，各不相同。

"年轻时，扮演戏中人，是懵懵懂懂，依样画葫芦，学她的一招一式。年龄增长，理解了，有感触了，扮演起来，才是真正的戏中人。"所谓人戏不分。

就在过去的5月，法国汉学家白乐桑先生来到小河驿，杨崑给他表演了一段昆曲，演绎了三种不同的"笑"。白乐桑感叹，笑一般只代表喜悦快乐，但中国戏曲有一种能力，可以把喜怒哀乐都放进"笑"里，用不同的唱腔表现出来，赋予更多的含义。法国艺术家、"法中文化交流的使者"雷米·艾融先生来到这里后说，虽然听不懂昆曲，但能理解它的美妙。

昆曲的迷人，正是它可表达的丰富性。它可跨越语言与国界，抵达不同人的内心深处。

2001年，联合国教科文组织公布的首批世界十九项"人类口述和非物质遗产代表作"中，昆曲是唯一代表中国的文化遗产。

如白先勇先生所言，昆曲是世界级的艺术。

与杨崑因运河文化结识的先生说，杨崑的性子，好像是跟着曲子走的。演杜丽娘时，温柔得很。最近呢，演了个有计谋的刺杀旦。先生笑道，周身一股杀气，令人避之唯恐不及。

但杨崑乐在其中，她说，是昆曲让自己有了第二次生命。这第二次的生命让她热爱，让她闪光，让她沉醉。在昆曲里，她辗转于不同角色之间，体会着不同的人生。有了昆曲，生命足够丰满。如果没有昆曲，那将完全是另外一个杨崑啊。那是不可想象的。

袅袅婷婷间，杨崑打开了随身携带的曲谱将韵白念给我听，她说，多美。念着念着，她便不由自主唱了起来。低回婉转间，曾经古老幽远的"运河之音"，又在这古老街巷响起。

气味里的一隅幽谧

张小末

【高山流水觅知音。当制香者所配制的香药准确地表达出香的意趣,又恰恰被闻香者准确地感知到,才是真正的心香合一。】

每日清晨四点,大运河畔,点燃一支香,打坐、读书,张于龙的一天开始了……

小暑,杭州城已然酷暑炎炎,运河边的草营巷倒是喧嚣市声之外的一处所在。张于龙的工作室——浙江华夏香学技艺研究院就在这里。上楼、坐定、焚香、饮茶、闻香，听他娓娓道来，不觉汗意消退，而满室幽然，时间倏忽而过。

唯有香如故

从小我是喜欢香的。外祖母是虔诚的佛教徒，每月初一与十五是吃素的日子，家里供着观音娘娘，佛龛中永远都点着清香。年幼时便习惯了香烟袅袅的环境。一进到外祖母的房间，就自觉地安静下来，听她说一些民间故事和为人良善的道理。

年长一些，看一些书和影视剧，才晓得香并非仅仅线香一种，也并非仅仅供在神佛前。

香之为用，始于先秦，兴于魏晋，历经隋唐，两宋时已蔚为大观。隋唐时期，用香成为当时礼制的一项重要内容，丧葬奠礼、上朝奏事、贡举考试等都需设炉熏香。流传至今，其种类繁复、用途广泛远非短短一篇文字可穷尽。如今市面上常见的香，从香料成分划分，有沉香、檀香、艾草香、和香等；从形态划分，有线香、盘香、竹签香、倒流香等。

曾看过一部历史剧情纪录片《唯有香如故》，该片以杨贵妃、李清照、苏东坡、黄庭坚、华佗五位著名历史人物为主角，分别对应瑞龙脑、梅香、沉香、甲香、艾香，又以这五味香观照这五位历史人物的人生，视角独特、制作精良。沉迷其中好些天，难怪豆瓣打出了九点三分，而Ｂ站则给了九点九分的高分好评。

宋朝时，香料已从贵族专享进入寻常百姓家。帝王后妃、豪门权贵皆以配制独特的和香为风尚，文人更从各个方面研究香药及调和香料之法。"烧香点茶，挂画插花，四般闲事，不宜累家"，《梦粱录》如是记载。"焚香、品茗、挂画、插花"是宋人生活的"四般闲事"，并成一时风尚，读书以香为友，独处以香为伴，衣需香薰，被需香暖，计时则有"百刻香"，苏轼、黄庭坚皆是制香大家。南宋临安府，皇城内设有"四司六局"，其中之一的"香药局"便是掌管香料制作和宫廷用香礼仪的机构，"掌管龙涎、沉脑、清和、清福异香、香垒、香炉、香球、装香簇烬细灰，效事听候换香，酒后索唤异品醒酒汤药饼儿"。

杭州自古寺庙林立。坐落于繁华的京杭大运河边的香积寺，始建于北宋年间，曾是通过运河进入杭州的第一座和离开杭州的最后一座寺庙。传说，凡是从运河乘船到杭州寺院许愿祈福的香客，过了拱宸桥即弃船登岸，第一站便是香积寺。香积寺也由此得名"运河第一香"。

龙泉人张于龙自2000年来到杭州，先后从事记者、影视编导、栏目制片人等工作，自定居大运河畔后潜心香道，创办宝蠹香局，著书立说，曾在香积寺边开设门店，又将华夏香学技艺研究院设在草营巷二号，似乎是冥冥之中的缘分，又似负有某种使命。

还世界清净

"家里用的香都是母亲做的。"张于龙出生于浙江龙泉的中药世家，外公、舅舅、母亲或熟悉中医药理，或擅长制香。年少时，张于龙伴随母亲左右，观其制香，耳濡目染之下，香既是家中必备，制香更是一种日常。这些在他心里默默地种下了一颗种子。

作为龙泉人，张于龙初到杭州之时，致力于弘扬青瓷文化，后又投身青瓷产品研发创作设计，2016年便获得杭州市工艺美术大师称号，其青瓷作品被国内知名博物馆、艺术馆收藏。

在推广青瓷的过程中，他总是习惯于点上一支自己制作的香，身边的朋友开始只是好奇香的来源，得知是他自己制作后，钦佩之余，随之对香道逐渐产生了兴趣，鼓励他为香学传道授业解惑。

一念起，万水千山。

张于龙从这悠悠流淌了千余年的大运河畔出发，走遍全国各地，收集关于香的所有资料，拜访中医和香学名师，到香药产地调研，渐渐地，他以推广香学为己任。2017年3月，经浙江省民政厅批准，成立了浙江华夏香学技艺研究院，2020年，在大兜路创立宝蠡香局，从此，一直致力于中国香文化的传承、保护、研究、科普。

《辞源》说：凡草木有芳香者皆曰香。香乃会意字，从黍，从甘。"黍"表谷物，"甘"表甜美。本义是名词，意指五谷热食的怡人气味。

所谓和香，是指调和各种香材，使之气味和谐，且合乎香道师所要表达的思想的一种制香技艺，或称合香。也指用和香技艺制出的香。魏晋南北朝时期，和香的种类已非常丰富。据记载，马嵬驿的杨贵妃墓里，有一枚香囊几乎完好如初，便是用于放置她最喜欢的瑞龙脑。

如何才能制成一款好香？

想象中的制香场景是，三五娟秀女子，穿着传统服饰，和香、加水、拌香泥、醒泥、成型、脱模、阴干，素手调制成一款香丸或香牌。

但，这是多么深的误解呀！

事实上，寻访香药，采摘香材，是在户外进行的强体力劳作，而每年的三伏天则是制香的最佳时节，张于龙如苦行僧般选材、炮制、研磨、合香、醒香、成型、晾晒、窖藏，个中辛苦不一而足。

制作优质和香的基础是优质的香药，最难的便是选择香药，产地、采摘时间、品种、香气等因素缺一不可。

首先，精选各种天然本草香药，进行手工蒸煮，去除草腥气，是为取材、炮制。

将各种已经炮制好的香药再研磨成细粉，按照不同的香方，取不同的香药，按照特定的比例，放入瓷缸内拌匀，是为研磨、合香。

静置两小时，等各种香药的香味逐渐融为一体，是为醒香。

最后，放入压香机器内挤压成长条状，用竹刀裁好长短，放于晾盘上，一周后晾干，再置入瓮中窖藏三个月，成型。

为了保证香的品质，工厂内不能开空调。仅此一样，制香就是艰苦之事。从钻研香方，掌握香药的特性，到最终的和香，需要日复一日的研习和深厚的造诣。

记得有位作家说过,人的嗅觉比视觉、听觉更能挑动人细腻的心。调香即调心。

调香者要充分熟悉药性,所谓相须、相使、相畏、相杀、相恶、相反,以七情配伍之法精心炮制,依君、臣、佐、使配伍调和。优质的和香实际上是调香者对于生活美学的表达。

张于龙常说,要还世界清净之香。清净之意义,对于他而言,在于将香和药同研,用于防疫、养生,这也正是传统香学的重要组成部分。

香不仅是芳香之物,更兼备了香药同源的养生功效。长期品香可以改善空气质量,吸附杂味,更有安和五脏、通经开窍、扶正祛邪、开慧益智等功效,在诸多经典中医医书,如《黄帝内经》《温病条辨》《千金方》《伤寒论》等中,都有用熏香来防治瘟疫的记载。

2020年,张于龙将传统中药方剂灵宝辟瘟丹进行改良,将丹药制成了线香状,名为灵宝辟瘟香,并捐赠给医院和运河畔的社区。生活于此、造福于此,他的香道之路有了更为广阔的诠释。

为了让传统和香制作技艺普及到寻常百姓家,张于龙在九年时间内笔耕不辍,撰写二十六稿后终成《香学》一书,共十一章三十九万字,全面系统、通俗易懂地介绍了香学发展的方方面面,发微探幽,广征博引,填补了中国香学领域无专业教材的空白。又致力于讲学、传艺,从香文化研究、香方挖掘、香品研制、技艺传承、文化推广等多个方面推动香文化的传播与和香技艺的复兴。

点燃心香

香是人类共通的精神体验。然,香料不同,气味不同,药性不同,用法不同,场合不同,给予人的体验也随之不同。

龙涎香,四大名香之一,有"海上浮金"之称。汉代记载,渔民在海上发现了一些灰白色的蜡状漂流物,清香四溢。这是已历经多年的自然变性的龙涎香,干燥后会产生持久的香气,当它被点燃时,比麝香更香。一些地方官员收购后,贡献给皇上,在宫廷中用作香料,或作为药物。那时,人们认为这是海中"龙"在睡眠时流下的唾液,它滴入大海并凝固,很长一段时间后,变成了"龙涎香"。当年宋徽宗便舍不得焚烧,而是制成香包日日佩戴。

鹅梨帐中香,随着一部电视剧而被大众所熟悉,带有鹅梨果香之蜜甜与檀香之幽雅。相传周娥皇喜爱焚香,自出巧思制造焚香器具,每日垂帘焚香,满殿芬芳氤氲,周娥皇坐于其中,如在云雾里面,望去如神仙一般,但在安寝时,帐中不能焚香,她因而日日不得安寝。得知此事后,南唐后主李煜便用心为其调制这款香置于帐中,又名"凝神香",或"江南李主帐中香"。

杭州人的最爱——东坡先生,一生爱香,无论是在朝为官,还是被流放,都未曾离开过香。他曾在《和黄鲁直烧香》诗里写道"不是闻思所及,且令鼻观先参",便是以香观照内心,保持精神世界的澄净淡远，以气味为通道，走入存在又不存在的"山野林间"。他回复好朋友黄庭坚的两首关于闻香的诗，说明闻香不能只评价香料细节，而忽视闻香过程本身的哲学意义，这也是对"鼻观先参"香文化的最高精神境界的表达。

传说，杭州城某个雪后之晨，苏轼唤朝云取梅树上的雪，和炮制好的沉檀、烘干的丁皮梅肉，以及朴硝等香药，按照配方制成名香"雪中春信"，闻之如"如万株梅树同绽"，而他为了这款香足足等了七年时间，终于在这场突至的春雪中完成了传世之香。

高山流水觅知音。当制香者所配制的香药准确地表达出香的意趣，又恰恰被闻香者准确地感知到，才是真正的心香合一。

古代香方气味多偏浓郁，且多数兼具药用价值，时至今日，人们更偏好清淡与纯粹，尤其是女性，喜欢在衣帽间挂香牌、放熏香，使衣物带着若有若无的香气。

研究延续数百年前的制香工艺，用古法重现生活用香，设计出各款便于携带的香品，将香文化融入千家万户的生活，是张于龙对于日常生活的审美表达。

宣和御制香、折桂令、状元香、龙井御香、满庭芳、清远香……每一款香都有一个美好的名字。

唐开元宫中香，生闻有龙脑特有的冰凉穿透力和沉香的香甜气，点燃后香味甜美旖旎，富贵大气，似有兰麝之香扑面而来，如沐在春日温阳下百花中，充满了盛世宫廷中的香气。

三匀煎，宋代《清异录》中曾有记载，出自唐中宗时期的长安香药商宋清之手，用了沉香、龙脑、麝香三味名贵香料。龙脑清香淡雅，可提神醒脑，麝香浓郁持久，有极强的穿透力，而沉香醇厚深沉，可安定心神。三者相互融合，具有通经开窍，疏瘀清浊的功效。

这个夏日午后，我打开一款款香，先闻其沉静之意，再点燃静心感受。时而有兰花之幽然，时而有桂花之馥郁，时而有富贵之意，时而有清远之姿，一款款饱满而富有层次的香气，在这室内流淌，着实令我度过了一段极为丰富的时光。

我最爱的则是"折桂令"，初闻时是桂花的甜蜜幽香，细闻有檀木的雅致厚重和安息香的淡淡奶香，清可荡涤，浓可致远，依依袅袅复青青。这是独属于杭州的香。

焚香烟起，心定神安，香与饮茶、赏花一般，日渐浸染于运河畔寻常人家的生活深处。

这世间有些东西，用消失凸显它的存在。是为香。

这世间有些人，总是孜孜不倦地挽留着一些快要消失的事物，推陈出新，在这条不长也不宽的寻常小巷里，在这看不见的时间里奔走，犹如运河流淌，是为香之传人。

皮毛之上,功夫不止一点皮毛

金夏辉

【皮应该是懂人的,它知道人需要休息。人也了解皮的脾气,需要小心考虑它的感受。】

小女孩的家里堆满了各种牛皮原材料。

她的父亲从事皮具行业,做各类皮制家具,很多时候忙于工厂里的事情。父亲空闲时也会用牛皮做一些小玩意儿,送给女孩玩,逗得她很开心。

女孩喜欢鼓捣家里的牛皮——亲手为心爱的洋娃娃做一件牛皮的衣服，做一个独一无二的头饰……虽然父母很少留意女孩的手艺，但女孩很享受这个过程。

如果你问她孤独吗？她会说，做一些喜欢的东西，很安逸。

许多年后，运河边上的一间屋子中，桌上放一块牛皮，一个姑娘静静雕刻。手中的皮，是她的爱好，也是她的生活。

她是曾经的小女孩，也是如今仝仺美学馆的主理人——姜超超。

1

位于桥西历史文化街区的仝仺美学馆，有对外的展示空间，摆满了各种皮包、饰品。往深处走，还有一个独立隔开的工作室，专属于姜超超。

有一段时间，早上六点，姜超超已经坐在工作室的桌子前，开始自己的工作。

在静谧的早晨中，姜超超静下心来雕刻，她不愿意有人打扰。

如果累了，她会站起身，走到工作室旁的天井，看看阳光下的芭蕉叶，逗逗小乌龟。

姜超超特别喜欢小乌龟，到了饭点，也给乌龟喂小零食。相处久了，姜超超吃东西，乌龟也会动动身子，好像知道自己要吃东西了。

短暂的休息后，姜超超又投入自己的皮雕中。那张牛皮，仿佛有魔力一般，姜超超看着它一直雕刻到晚上十一二点。

一天下来，外边运河上的船只一艘又一艘经过，天空也从酡红变成水蓝，又归于漆黑。室内的姜超超，始终面对着一张可能没有多少变化的牛皮。

如果没有完成一个作品，哪怕离开了工作室，姜超超脑子里也随时挂念着作品。

早上一醒来，她就想着，"我应该先把这件事弄好"。如果这一天的灵感不错，姜超超马上前往工作室。

姜超超还雕刻了一幅《千里江山图》。没错，正是北宋十八岁天才少年王希孟的那幅名垂千古之画作。

很长一段时间，姜超超都沉浸其中。刚开始，画卷上的连绵群山、浩渺湖水，摆在姜超超的面前，她没有灵感，一直思考自己为什么做不出来。

等有了想法，她流露出来的情绪也不强烈，只是不急不躁地将时间和精力都用于这件作品上。

姜超超先尝试将《千里江山图》画在牛皮上。她找了很多图，但看着买到的画作，发现色彩都存在微小的差异。最终跑到杭州的国家版本馆，她亲眼看了那幅长卷，才真正确定最后的青绿色。

有了对照，开始不断试颜色。矿物染剂、牛皮染剂很难融合，更难再现原画上的色彩，这是一个以前没有人试过的创作。姜超超可能会焦虑，但从不气馁，她喜欢挑战有难度的事物。

牛皮是一种有牛脾气的材料，铺完颜色后，姜超超发现色彩还是不对。牛皮没法临时修改,姜超超从头再来。牛皮并不便宜,但在她心中,"艺术创作需要时间和物质的沉淀,这些都是值得的"。

雕完这幅画,姜超超感悟到了一种奇妙的状态——很平静,没什么事情是要紧的。一瞬间,屋外的运河水悄然流动,屋内的姜超超逐渐理解宋人与世无争的心态,还有在文化上的成就。

"如果你问那些画过《千里江山图》的人,就知道他们也会有类似的感觉。"一个人的许多时间都耗在一件作品上,慢慢地磨,哪里还会对世界上纷纷扰扰的事物感兴趣呢?幸福就在手中的刀,刀下的皮,皮里的画……

这张《千里江山图》皮雕画卷,挂在仝仝美学馆的右侧白墙上,以褐色木框和玻璃装裱。如果你来到仝仝美学馆,一定不能错过这副长卷——深褐色的世界中,山峰散发明亮的青绿色,有着冷峻的山石质感。即使在盛夏,看着这幅画卷,观者都能感到深入云雾的清凉,山风拂面的潇洒。

2

皮雕是一种以皮革为雕刻材料的雕刻工艺。广州、河北、内蒙古等地方,如今都保留着作为地方非物质文化遗产的皮雕工艺。

皮雕的第一步——找块好皮。一张两到三毫米厚的牛皮,可拉伸,可塑型……可塑性差的皮,很难和雕刻者并肩走到创作的最后一步。

姜超超总结了皮雕的秘诀：雕、镞、镂、塑、染、绘。

雕和镞，是基本功，像武林高手的刀准不准、快不快一样。

不同的雕刻部位，需要用到不同的工具。姜超超桌上的木盒，放有各式各样的工具。数量之多，不亚于医生做手术的工具。

百种"兵刃"熟稔于心后，便考验人的手上功夫了。雕刻者耐心地用工具在牛皮上敲出花纹，其间要把握锤子和其他工具的力道，力道不好，东西就毁了。"一般练个几年，手就稳了。"

"练到手稳，您大概练了几年？"

"我没算过，反正慢慢就习惯了。"不管是皮料的成本，还是时间上的成本，姜超超很少去计算。"如果你去算时间的话，成本会很高，但如果你觉得这个东西值，你就会为了它一直做下去。"

镂，用刀将部分地方镂空，方便之后的塑形，使它成为一个有厚度、有层次的物体。

塑，简直是最神奇的一步。原本平面的一张皮，在她的妙手中，逐渐变得立体。像极了神话里的故事，一张薄薄的皮，化为一个表情生动的活物。

刚走进全仓美学馆，你就能看到一只栩栩如生的趴蝮，它用有些可爱的目光注视着你。你绝不会想到，这只立体的趴蝮，由一张皮所化。

趴蝮，原是大运河拱宸桥下的避水神兽。经过拱宸桥的船只,都要接受桥边趴蝮石兽的注目礼。这不是玄学,有了趴蝮石兽,船只才不容易直接撞上拱宸桥。趴蝮守护拱宸桥,也寄托着人们免受水灾的愿望。

姜超超的这件作品,采用了植鞣牛皮,全名叫《拱宸之趴蝮》,解说牌上如是写道:"利用非遗皮塑技艺和牛皮可塑性,从传统皮雕的平面中突破,实现皮艺作品纬度跨越,创作了3D立体皮塑作品。"植鞣牛皮,指的是经过加工处理的牛皮。萃取自植物的鞣剂,加上生的牛皮,造就了方便匠人雕刻、皮塑的植鞣牛皮。

有人会问,仅仅用薄皮塑成的趴蝮,会不会内部空心,一戳即塌?当然不会,以牛皮做成的粉,构成了皮塑趴蝮内部的血肉。若用手抚摸,它的身体十分结实,一层层鳞片也仿佛随着呼吸轻轻翻动。

店内还有一些堪称"明星"的森林系首饰——半透明的牛皮化作了一朵花,立体的九色鹿好像要从牛皮中跃出来……平面的牛皮,竟然可以变成佩戴在身上的饰品。不少游客一进店,都会惊叹于这些精巧的设计。

古人云:"文章本天成,妙手偶得之。"店中许多皮雕作品也是如此。对于一些需要倾注很多精力的作品,"第一个做出来,真的需要天时地利人和"。创作有时候跟炒菜一样,再重复做第二遍、第三遍,可能都难以做出某一天的味道了。

染,自然是为皮上色。其中难度最大的,无疑是《千里江山图》。尽管姜超超有着不错的美术功底,对国画比较了解,当时也试了很多次才完成上色。

皮染色与自然色有很大的区别。她要用毛笔慢慢染，染好多遍才能上色成功。从淡淡的颜色染起，再大片铺色，不然颜色不均匀，看起来是一条一条的。

对于初学者，往深色染，一般不会出错，往浅色染，大多会失败。

姜超超则偏爱素雅，她的作品以淡色为主。这种风格，其实还有一点姜超超的小坚持——"我喜欢挑战，不喜欢做那种机械化、很容易的东西。"一染就深色，一浸就成功的作品，她不喜欢。

那种第一次成功，第二次可能失败的作品，才更能激发姜超超的兴趣。

绘，需要在颜色上更加细致。一笔一画间，姜超超总是神色专注。完成了"绘"，皮雕中的鸟兽花卉也仿佛活了过来。

皮雕的整个过程，像人的呼吸，不能急。塑好之后，等皮自然干，再去拉伸，用工具雕刻。

如果不给皮留休息的时间，它会破裂，而人的手和眼，也会受不了。皮应该是懂人的，它知道人需要休息。人也了解皮的脾气，需要小心考虑它的感受。

图案写实的皮包，没有两三个月，无法完成。

那是一个季节的时间呢。

瑟瑟寒风中，它还是一块普通的牛皮。当它蜕变为一个被人喜爱的皮包，运河上的暖暖春风也吹来了。

3

姜超超很少直接说自己的作品有多么好,她提到最多的,还是他人的认可。

多年前,在许多大学联合举办的一次中国(杭州)大学生创意生活节上,姜超超带着小伙伴摆摊,公开展示自己的牛皮工艺品。许多同龄人也带来了凝结他们心血的创意作品,现场可谓百花齐放。

一位有名的书画家作为嘉宾参与了这次活动,几个人围着他,摄影师也不时拿相机对准他。书画家移动步子,最终停在了姜超超的摊位面前。当时的姜超超,跟如今相比,称得上默默无闻。

一阵欣赏后,书画家选了一个牛皮笔记本,打算送他女儿。书画家的名气不小,周围的人说:"应该跟他合影。"姜超超和小伙伴没有经验,最后还是让记者帮忙拍了照。

姜超超后来猜想,可能是因为他们的牛皮笔记本偏向国风,与其他产品不太一样,才被这位书画家看中。

毕业后的一次集市上,姜超超还认识了一个客户。这个客户后来成了姜超超的朋友,她家里的皮具,基本上都来自姜超超的店铺。

2019年,姜超超前往佛罗伦萨参展。在牛皮手工艺历史悠久的佛罗伦萨,前副市长也很喜欢姜超超的作品。相比当地的一些皮雕作品,姜超超的作品融入了更多新事物,也有大运河的元素,风格让人眼前一亮。

欣赏姜超超作品的人一点点多了起来，她的皮雕之路也水到渠成。她曾在其他地方开过线下店铺，最终在2017年走进桥西历史文化街区，在一个离拱宸桥很近的地方停下脚步。

一停下来，已经过去了七年。

七年的时光，这家店藏着姜超超的皮雕故事，也见证了许多人的生活。以前，一个女孩带着男朋友，来到了运河边上的仝仝美学馆。后来，姜超超再次见到走进店里的女孩——女孩的男朋友成了老公，还有了孩子。女孩跟姜超超说起，她的朋友，也在这里……

不知不觉，这家店成为许多人的记忆锚点。他们曾经偶然经过此处，在多年后忍不住再次来到这里，寻找一个叫作姜超超的店主人，看看她是否还在做当初坚持的事情。恍惚间，过去的时光在向自己招手。

美学馆的旁边有一个巷子，巷子深处住着老桥西人。院子里的竹竿高高挂起，零零散散晾着衣服。夏天的下午时分，两个老奶奶坐在巷子口的阴凉处，手摇扇子，卖一些棒棒糖、矿泉水。

夕阳西下，姜超超下班经过巷子，经常看到老奶奶、老爷爷手牵着手。不仅仅是一对，有时候能看到好几对。也许是因为以前家里人的脾气比较急，所以巷子里的安静场景，猝不及防闯入姜超超的心里，岁月静好的感受，扑面而来。

姜超超最享受的，还是夜晚，尤其是夏天的夜晚。月光洒在拱宸桥凹凸不平的石板路上，行人寥寥，她一个人静静地走。

雨后，弄堂里的凌霄花也格外动人。湿漉漉的凌霄花掉落在石板路上，姜超超为它拍照。客人们后来看见了这张照片，也说好看。

"我喜欢人少，安静的时候，外加刚好下班。"

其中下班的前提不可或缺，只有在姜超超完成作品后的时间里，花卉和月色才更容易走进她心里。"没有完成之前，我不会去看它们一眼。"姜超超更不会去跑步，她会把所有时间留在自己的作品上。

不过，大自然的花卉其实也是她的缪斯。鲜花带着灵感而至，仿佛指引她用牛皮做出立体的花朵艺术品。在"皮之影饰"系列中，鸢尾花、玫瑰、牡丹随处可见，这些都来自她在工作之外看到的景色。

姜超超有时候一心沉浸在作品中，如此时间久了，也有些憔悴。她便走进邻近的中医馆，配些中药调理。

听着运河流动的声音，在一次次绘画和雕刻中，时光不知不觉走到了现在。月色、鲜花，抚慰一颗心；苦涩的中药，也温柔地照料身子。

怎么就一路走过来了呢？回首过往，姜超超看到的，依稀还是当初的小女孩。

在她的记忆深处，父亲教女儿骑自行车，但小女孩怎么也学不会。直到有一天，小女孩突然想骑车了。走向父亲新买的自行车，小女孩马上就骑走了。父亲十分惊讶，女儿以前不是学不会吗？

如今的姜超超对我说:一旦想做一件事情,我就会想办法去完成它。"有了内心的目标,她便不紧不慢地前行。

像角落里的一朵小花,不需要太多目光的注视,静静迎着阳光生长。等待绽放的每一天,都是如此充实。

喵喵喵喵喵，大叔在小河直街画猫

吴卓平

【猫叔的猫，一会儿在花前月下，一会儿快乐，一会儿忧伤，其实也都是他彼时彼刻的状态。】

1

杭州的5月，我初来小河直街，便偶遇了一群孩子，他们奔跑在古街的石板路上，跑过一家家咖啡馆、花店、酒吧、画室、文创纪念品店，小小的身影穿过一条条小巷，而墙上镌刻着一个个古老的名字：姚宅、长征桥、酱园……也许只有这些小巷里的粉墙黛瓦才知道，从前那一段光阴里，也如此跑过一群快乐的孩童。

大运河从北京通州一路往南，奔流近两千公里，方才抵达杭州。而在大运河的南端，大运河、小河和余杭塘河交会一处，得了水路之利，小河直街因此繁荣。八百年前，南宋时期，这里便商贾密集。至元末明初，运河主河道改道，这里成为水路交通要津。到了清末民初，这里同样店铺林立，成为商品集散中心。据说，当时杭州城里说得上来的店铺，布庄、酱园、饭馆、茶楼、米店、面坊、篮子店、柴店、锡箔店、打铁店，小河样样都有。

而如今，当我行走在小河直街上，每隔一小段路就会遇上一家文艺小店，和环境融为一体，毫不突兀，让整条小街都掩映在悠闲、文艺的气息之中，呈现出另一种俘获人心的快乐。左边是茶室、咖啡店、甜品店、旗袍店、手作店，右边是冷餐店、藏书阁、照相馆、皮具作坊、古玩店，柔软的，热情的，惊喜的，一样的林林总总，一样的百业百态。

我要拜访的猫叔就扎根于小河直街。他本名高宝国，兰州人，爱猫，也爱画画。今年5月，来到杭州正好满一年，街区东河下一家名叫"小河不小"的工作室是他的"灵魂画室"。走进他的画室，抬头处，一句话正戳中了我："断桥不断，有白蛇许仙；长桥不长，有梁祝相送；孤山不孤，有梅妻鹤子；小河不小，有人间烟火。"

事实上，来杭州画画，猫叔想到过很多地方，但西湖有点

"闹猛",钱塘江波涛澎湃,直到逛到小河直街,他的眼睛亮了。

一张茶席可兼作画桌,舒缓的音乐,各式精致的手作纪念品,以及一幅幅大猫小猫的画作,构成了如今"小河不小"独一无二的样子。

"猫的性格和形象,其实和当下许许多多年轻人的生活状态很相似。它们孤傲,且擅长卖萌,是一个个矛盾的集合体。同时,猫又是一个十分矫情的物种,像极了敏感的艺术家。它有很多种姿态,时而忧郁,时而神秘,时而暧昧、撒娇,有时又特立独行,让人难以捉摸。"

"嘿嘿,这种矛盾的性格,倒是和我极其相似。画猫的时候,就像是在表达我自己的真实内心。每天的心情,以及对过往事情的抒发,我会通过猫的眼神来传达。"

2

猫叔告诉我,在小河直街生活久了的人,早已习惯猫窜来跳去,旁若无人。其实,这样人和猫在一条街区内和谐共处,本身就是一幅温馨的画面。

随着街区的改造与发展,现在这里大部分的猫都由街上的店家养着,只不过是半散养状态,爱串门,但不会跑过街。

"隔壁的咖啡店开了很多年,那几只猫都成了店招。"猫叔笑着说,很多时候老顾客过来,点一杯咖啡,就为了陪猫玩一会,"他们觉得与猫相处的时光很治愈。"

其实,刚来杭州时,猫叔一边画画,一边观察,也是在偶然间，和小河直街那些爱串门的猫咪们交上了朋友。

在闲逛或写生时，他发现一只叫作"大郎"的猫总是"特立独行"，显得很有个性。因为它总喜欢趴在工作室门前的桌上晒太阳，每当遇到想撸它的游客时，"大郎"总是把身子一转，高冷地用屁股回应热情的游客。有一次，这一幕瞬间把猫叔逗乐了，他回到工作室，拿出纸笔就把"大郎"的萌态画了下来。

没想到这一画，便一发不可收拾。猫叔笔下的猫或慵懒，或惬意，或凶猛，受到了热烈追捧。画完"大郎"之后，他又陆续在团扇、美人扇、如意扇、苹果扇等扇面上画了二十只小河直街的猫，作为文创纪念品的扇子一经推出便被一抢而空。热心的顾客还将他的作品发到了社交网络，小河直街的猫因此"出圈"，而他的画室也更热闹了。人们纷纷慕名而来买扇子与画，央求猫叔为自家的猫画一幅"私人定制"。

"一天当中，猫有十几个小时都在睡眠中度过，它们把街巷、店铺视为大草原，随心所欲、特立独行。那些人类小心翼翼藏着掖着的秘密，在猫看来不如一条鱼实在。我们从喵星人身上获得治愈、友善与快乐，而它们的独立、神秘与灵敏，倒是也让我们学会反思自我与社会的关联，让艺术创作自然发生。"

从史前时代到今天，艺术家和创意工作者似乎都偏爱猫。七千年前，利比亚人在岩石上雕刻了人类艺术史中有所记录的最早一次猫打架。自那时至今，历代艺术家将猫咪的动人情态、人与猫的深层关系，都记录在了作品之中。

"中国艺术史上，猫作为绘画的对象，从宋朝时便开始出现了，到明清时期更为普遍。你看，像八大山人画的猫其实就是画他自己，既孤傲，又合群，始终保持着自我。应该说，猫是传统文人最欣赏的动物。齐白石画案上那一只猫蜷在那，看他画鱼蟹，就挺有意思的。丰子恺写作的时候，小猫趴在他头顶上，画家和猫是一种'猫人两忘'的状态，猫和人混为一体了。"

画到最后，画已经不是画了。

猫叔说，画猫的人很多，有人用工笔画的手法较写实地描绘猫毛的柔顺光滑，精致细腻；有人采用写意的手法描绘猫的灵动敏捷姿态，笔墨淋漓酣畅；而大部分年轻人更喜欢以卡通形式表现猫咪的各种萌态。而他偏爱描绘猫的静态或静中欲动的状态，"猫特别能带给画家生动的感觉，因为猫太机灵了。她伸个懒腰，那种舒展度，每一块骨头的拉伸，筋的变化，太多了"。

"小河直街有很多猫，有流浪猫，也有各家店主人饲养的猫。其实猫有不同的属性特征，如有调皮的，有温顺的，有胆小慵懒的，有好奇敏捷的，有高冷独立的，等等，无不体现在猫的形态、动作和眼神中，尤其眼睛，是画猫的关键，观其神，知其心，它们的种种表达都是通过眼睛显露出来的。"

通常在画猫前，猫叔总会先立意，是静还是动，通过构图与线条来表现其姿态。而眼神是表达的关键，可以通过对眼神的捕捉和描绘，传达出不同猫咪的不同情绪与个性。采用虚实结合的手法，表现出毛发的柔软和轻盈，使猫咪看起来更加生动。鼻头和眼睛的颜色，是画面的点睛之处。背景的选择尽量简洁明快，避免过于繁杂，影响猫咪的表现力。

如今，画了近百只小河直街的猫咪后，猫叔对于创作也有了新的感悟：无论人或动物都有自己的个性和空间，需要尊重和保护，猫的闲适和松弛感也提醒着人，要学会放松和享受生活。另外，猫的好奇心和探索精神也激励着自己去尝试新事物。

3

画个猫也好，画一枝花也好，对于画家来说，其实都是自己，只要出现在笔下的东西，一定入了内心。因此，猫叔的猫，一会儿在花前月下，一会儿快乐，一会儿忧伤，其实也都是他彼时彼刻的状态。对艺术家和观众来说，猫只是自己的媒介而已，猫叔画个猫来说自己的事，观众看到了猫，也想起来自己身上发生的事情来。

我见青山多妩媚，料青山见我亦如是，就是这么一个关系。

人与人之间的交往，有时会让猫叔觉得复杂和不解，但与猫相处就不同。他发觉人与猫咪之间的感情颇为单纯："你永远不知道对面的人在想什么，明天会变成什么样子，但猫咪是不会变的。你对它怎么样，它永远就对你怎么样。"有的小猫高冷，有的小猫与人亲近，它们可能会依赖人，也可能活在自己的小世界，但你不需要猜它们的心思，不需要去担心明天的变化，只需要把它们当作宠物或家人，彼此陪伴就够了。

猫叔养猫画猫，更与小河的大猫小猫和睦相处，和猫在一起时的温暖与快乐填满了他的生活。

而他印象最深刻的一张画像，是为一只上了年龄、时日无多的猫咪所作。猫咪主人说，这只猫咪陪伴了她们全家人十多年了，每天悉心照顾。生病时，主人抱着已经走都走不动的猫咪在家里散心，还试着鼓励它。猫叔感慨道："虽然最后奇迹并没有发生，但有这份心意陪伴这只猫咪走到最后，想必它也能开心地去喵星球了吧。"

按照喜欢程度，猫叔把爱猫人士分为两种类型：轻度爱猫和重度爱猫。轻度爱猫，就是类似觉得小孩可爱的心理，摸一摸就感到很幸福；重度爱猫会对猫本身关注得更多，会思考小猫的生活状态好不好，健不健康，跟它玩的时候，它会不会不开心，自己的一些行为，它会不会反感。

而来到小河直街的人，往往希望获得一种闲适、安静的环境，猫咪的存在，与此不谋而合。根据我的观察，来到这里的大部分人通常希望能够从日常生活中获得治愈和休憩，哪怕是工作，也是不紧不慢，喝着咖啡，撸着猫，显得好不自在。

不过，在不少居民的记忆中，曾经的小河直街，街巷里弄蜿蜒曲折，予人庭院深深之感。但这种格局，却带来了消防、饮水、用电等多方面的困难。同时，改造就免不了拆迁，对于安土重迁的老人来说，最难的便是搬家。最终，小河直街确定了"居住与旅游相结合"的新模式。几年前，街巷进行了全面改造和整治。直街不弯也不长，越往里越窄。如今，改造后的直街，对门邻居近在咫尺，有事帮个忙，没事寒暄几句，当年的市井烟火气和休闲的感觉，仿佛又回来了。另一方面，咖啡馆、民宿、文创工作室、家居生活馆、艺术馆、餐厅、酒吧陆续入驻，其中不少成为城市网红打卡点，吸引着年轻人们前来。

"今天，越来越多的年轻人在不远处的大悦城开启夜生活时，也同样会有人，漫步在静谧的小河直街，体味慢生活，体味内心的宁静。"

猫叔说，小河直街的猫就像催化剂，不论男女老少，都无法抵挡这一分温柔和惬意。在他的努力下，小河直街的猫正在成为街区的文化新IP，慢慢走向大众。下一步，他准备拓宽产品线，把小河直街的猫呈现在更多的文创产品上，让"撸猫"成为小河直街的又一打卡方式。

与猫叔告别时，他送了一把团扇给我，扇面是他画的猫，正是在小河直街到处串门的常住居民。它的一只眼睛在一场内部打斗中受了伤，但扇面上的它，依旧威风凛凛，而那一大一小不对称的眼睛，能让人产生一种莫名的喜感。

"你喜欢猫吗？画一画，会带给你愉悦的。"

方寸之间,清风徐来

金夏辉
【美的秘密,不止于此,它其实是一群人的故事。】

第一次见到秦菲,是在杭州工艺美术博物馆的运河城市客厅。

她在此之前发了一个"来杯咖啡 LAIB COFFEE(运河店)"的定位,我以为这是一家普通的咖啡店。

直至走到门前才发现,咖啡店位于杭州工艺美术博物馆三号楼的运河城市客厅。站在咖啡店门口，目光往左穿过一条小道，便能看到石栏杆和苍翠树木，还有流动的运河水。

杭州工艺美术博物馆的建筑，是由原杭州红雷丝织厂老厂房改造而成的。"来杯咖啡"招牌所在的墙壁有些年头，水泥墙的边上有发黑的痕迹，高处的墙缝里还生长出一些绿植。

走进偌大的运河城市客厅，其中摆有中式长桌和木椅，玻璃柜台中陈列着各种精美瓷器，还有文创团扇、折扇等。这几天，"工美四时·纸上乾坤"工艺美术大师作品展在此举办。

客厅一侧有不少小隔间，外以帘子遮掩，内有深棕色木桌木椅，置好茶具。我们相约于此。

1

在进入文化创意产业之前，秦菲一直在丝绸时尚界从业。2016年，由于特殊的机缘，秦菲进入文创行业，带领小伙伴组建了文创团队，"博市集M·ART"因此正式成立。

跨越了不同的行业，秦菲的主要工作地点一直没变，不曾离开运河边的杭州工艺美术博物馆。

杭州工艺美术博物馆位于桥西历史文化街区，每次上班路上，秦菲都能看到游人和运河。

2017年起，博市集陆续推出了多款"大运河"主题系列文创产品。聊起原因，秦菲说："大运河是承载千年文脉的'活态'文化遗产，我们又背靠运河，这么好的名片必须要做。我觉得不光是销售，也有一种使命感。"

漫步于拱宸桥头、大运河畔，秦菲有时候也会想："它们拥有比人更漫长的生命历程，如果能有趣且美地呈现出来，让更多人了解到这宝贵的文化遗产该多好。"

秦菲从一旁陈列架上取来一把折扇。打开手中的扇，眼前俨然是缓缓流淌的运河和历经沧桑的拱宸桥。"这个扇骨叫中药骨，经过六日中药浸泡处理，不容易蛀，也可以防蚊驱虫。"

扇骨以头青竹为料，用镂空设计还原拱宸桥大运河风光。扇面一圈则以桑蚕丝覆之，在灯光下呈现出十分通透的淡粉色。其他款式的颜色，还有水红、云山蓝等。

设计团队为它进行了多轮的设计、打样，才呈现出如今的视觉效果。一把好的扇子从竹子开始，得经过七十多道工序，每一道都马虎不得。

扇中的拱宸桥，位于浙江省杭州市区大关桥之北，是杭城古桥中最高最长的石拱桥，始建于明崇祯四年（1631）。如今，经过拱宸桥，映入眼帘的除了周边古色古香的建筑，还有水中的四只石制神兽"趴蝮"。

我路过的那天，一艘货船正缓缓从两只"趴蝮"之间穿过。船首渐渐通过拱宸桥，船尾泛起水的波纹。据说趴蝮是龙的九子中最受欢迎的，平生喜水，后因触犯天条，被贬下凡守护运河。2005年，在运河综保工程中，为了保护拱宸桥的桥墩，人们修建了四个防撞的水泥墩，避免桥墩受到船只直接撞击而损伤。

博市集团队后来以镇水神兽"趴蝮"为设计灵感，推出"瑞兽兆福"儿童系列文创产品，将运河元素与当下人们的美好愿望相融合。其中"暴富""瑞兽""学神"等冰箱贴，以及系列儿童扇、儿童伞，一度成为销售爆品。

拱宸桥不仅在扇上，还在丝巾上。一款名为"拱宸印象"的丝巾，以柔软的材质为载体，藏下了一座色彩明亮的拱宸桥。丝巾可寄托思念与乡愁，对于许多杭州人而言，看到桥就到了家。

秦菲这样评价文创产品："审美与实用是基础属性，情绪与社交价值也很重要。"

2

当我们面对一把折扇，或者一个极美物件的时候，自然可以大肆讲解其外观如何精巧，工艺如何复杂，但美的秘密，不止于此，它其实是一群人的故事。

在为博物馆设计产品的过程中，秦菲的手机响个不停。团队首先要仔细考虑博物馆的要求，再让设计师在馆藏文物中提取元素，将具象的事物变为简练的图案。图案也要符合市场的美学，"我认为文创离不开美学。它能传递文化，也要有美感"。

设计师不能一直沉浸在自己的世界中幻想产品，而要注重更多人的感受。这是文创的独特之处——既融合了设计师的心血，又兼顾了更多人的感受，让美更具有普世性。

美，不完全依赖于创意，设计师还需要提前思考提取的元素会用在哪些载体上。不同载体有不一样的特性，丝绸设计师得明白不同丝绸的工艺、面料、斜纹等方面的区别。

拿着手中刻有拱宸桥的折扇，秦菲仿佛能讲很多。如果在一张纸上，那么设计图案的视觉还原度会很好，但丝织品不同——通透的丝绸，会大大影响设计图案的呈现效果。即使图案设计得再美，如果没法呈现在产品上，那就可能白忙活了。

因此寻找合适的设计师并不容易，秦菲不仅"希望设计师有自己的想法，最好有国外的见识"，还要求其想法一定要落实到设计中。一些设计师原来可能很优秀，但不一定接触过这么多载体。

面对经过层层面试的设计师，秦菲会告诉他们："竹子上，有镂空的，也有喷绘的……"此外还有金属、塑料、瓷等材料，都有不同的特性。只有"驯服"不同材质，对不同工艺了如指掌，一位设计师才能将其天马行空的创意完美呈现出来。

设计师是最先幻想物件模样的人，而工厂的师傅们，是最先见到物件的人。

与博市集合作的工厂遍布全国，有六百多家。有时候，工厂将样品寄给博市集团队，有时候，博市集团队的小伙伴会亲自过去。

工厂的师傅要考虑的，不仅仅是按照设计图纸做那么简单，他们必须留意很多细节，有时候也会失误。

最近的一次失误，刚发生不久。

秦菲拿出一把名为"凤鸣花开"的黑金折扇，"扇中的凤凰，经过雷峰塔和三潭印月……因此折扇还有一个名字——'凤穿杭城'"。她又抚摸扇面上方的金色花纹，"这里用了丝网印刷，比较难做，报废率很高。在做文创之前，我也不知道这么复杂。还有扇面上下的对齐，最让人头痛"。

扇面外宽内窄，花纹需要呈扇形。然而工厂的师傅，不小心拉直了花纹的线，做出了方形的花纹图案，无法适用于扇面。

秦菲开口，"报废了一万多个扇面，都无法使用了"。

"那是在什么时候呢？"

"就在刚刚。"秦菲的语气有一丝无奈。

工厂可能出现的问题不止于此。如果产品有金色、黄色或者红色，工厂在配色上又不够仔细，容易出现配色凌乱、层次不清的问题，有的甚至会像"番茄炒蛋"。

还有工厂会把"黑金"变为"黑黄"，"这完全是两个层次"。色彩上的任何一点偏差，都会影响肉眼所见到的效果。

3

如今在杭州工艺美术博物馆的"博市集M·ART"店铺中，几把棕叶扇放在外边的展台上，扇柄上方贴有标签，青底白字，写着"风好大"。

能放在外侧展台的扇子，并不平凡。昔日的它，一上架就被很多人看中，竞相购买。

当时，已有的扇子完全不够卖，秦菲只能联系工厂加急生产。没过多久，秦菲的手机屏幕闪了一下，收到来自工厂负责人的信息。她点进去，发现对方发来一个视频——原来工厂的缝纫机在冒烟。对方说："为了赶你们的货，我们的缝纫机都踩得冒烟了。"预购扇子的人很多，工厂只能加班加点。

缝纫机在冒烟的时候，博市集团队并没有将已经收到的扇子立即寄出去，她们做了一件让秦菲意外的事情——一群人在办公室里拿着牙刷，小心清理棕叶扇。

"我都惊呆了。"

原来棕叶扇以棕叶编织而成，存在不少缝隙。在生产和运输的过程中，许多灰尘会跑到细小的缝隙中。在小伙伴们眼中，"这样不对"。他们一起找来牙刷，一点点清理灰尘。

秦菲看着忙碌的小伙伴，"都这么急了，你们发货呀"。这时候正是扇子线上和线下最好卖的时候，其实每一分钟都很重要。

小伙伴们却不肯放弃手里的活儿，"随便发一把不行的"。等刷完了，她们不顾腰酸背痛，又拿出剪刀，修剪棕叶扇上的倒刺，直至扇子令她们满意为止。

小伙伴们也很细心，在翻看寄过来的棕叶扇成品的过程中，她们发现了工厂的一个秘密——只要某一个师傅在，他做出来的棕叶扇品质就特别好。

他们立马联系工厂，寻找那位师傅。工厂老板说师傅去度假了，要好几天才会回来。他们便暂时停止了生产，"我们只等那个师傅做"。

秦菲有些感动，"在品控上，我的员工反而教育了我"。

她后来才发现电商的要求比线下高得多——镜子不能有一点划痕，物件不能有一点点瑕疵……"比如扇子，他们一把扇子是左三层右三层打包，这也是他们慢慢摸索出来的。他们真的把产品当作宝贝，对它们很珍惜。"

其实，秦菲和这些小伙伴们的交情有好多年了。博市集M·ART在2016年成立，但一些小伙伴，早在2013年就跟着秦菲了。

回首往事，那时候大家的生存很艰难，还是挺过来了。"当时为什么我一定要咬着牙过来？我觉得我们已经是一家人了。我已经是公司偏年长的一个了，自己就是一个大家长。"

团队刚建立，仓库的灯有时候亮到一两点，大家在半夜里才下班。"因为大家也不懂，需要慢慢摸索，我也想他们能发挥自己的价值，慢慢培养和成长。"

如今团队里的产品负责人、仓库负责人等小伙伴，都和秦菲有着十多年的情谊。曾经的少女，现在可能已经结婚生娃了。

秦菲还屡次提起了自己的伯乐——卢先生。卢先生是博市集团队的投资人，对秦菲和她的小伙伴很放心。"卢先生很少干涉我们的团队，给我们足够的时间去成长。我觉得有时候，信任是钱买不来的，所以我们就更加珍惜这份信任，带着小伙伴去把团队做得更好。"

在秦菲心中，卢先生，还有整个团队，甚至更多遇见过的人，都是自己的贵人。

4

秦菲很多年前来到杭州，如今已经在杭州定居。房子就在小河直街附近，离工作地点——杭州工艺美术博物馆并不远。这么多年下来，她见证了运河的很多变化，"咱们这个运河发展得越来越好了"。

在很多个周末，秦菲的好友们都会在手机上寻找运河边上好喝的咖啡馆，再从外地赶过来找她玩。好友们相聚在运河边上，喝咖啡聊天。一些朋友觉得不少景点太"闹"了，也没地方停车，而运河刚好闹中取静。近几年，运河的知名度，也吸引了更多人的目光。拱宸桥，自然也成了秦菲朋友们的一大打卡点。

一位客人还对秦菲说："你们小河公园真好看。"朋友们讲得多了，秦菲才发现自己身边有这么多好玩的打卡点。街上有女孩子喜欢的中式衣服，还有值得打卡的下午茶。不管是请客吃饭，还是和朋友一起玩，小河直街附近一带都十分适合。"在这儿幸福指数真的很高。"

秦菲对幸福的定义，也离不开植物。不管是办公室，还是运河城市客厅，四处都摆有植物。"我是一定要养的，这些可以让我的心情变好。"美的氛围，也会激发她的创新灵感。

秦菲看向桌上一侧的兰草，这是她从家里茶室拿来的。"它快冒新芽了。另外有几株植物，我都自己来浇水。"

还有一些植物，秦菲会监督小伙伴们浇水。她来上班，先看椅子有没有乱，随后会走到植物面前，伸手摸一下盆栽里的土有没有干。土很干，秦菲就会告诉小伙伴，告诉他们该浇水了。"我有一点强迫症。花养得好不好，跟做文创一样，一定要把植物关照好。"

一些小伙伴原来没有养植物的习惯，不知道什么时候浇水，秦菲也分享了摸土的经验，"摸一下土就知道了，但是水也不能太多"。

公司茶室里的竹子是最多的，"我觉得竹子最好养，把好养的给小伙伴们养。花卉就容易谢嘛"。

在秦菲家的后院里，她养了最喜欢的绣球花。夏季花开的时候，满院子都是绽放的绣球花。除了绣球花，"月季花，我也很爱养。每年在这方面，我都会花很多心思"。

当然，作为博市集团队的"大家长"，忙起来的秦菲，有时候也来不及顾上院子里的花卉，"夏天高温，会死掉一批花"。

秦菲也想过不再养花，避免花卉被夏日阳光摧残的悲剧。当一批花卉再次被晒伤的时候，秦菲对自己说："明年坚决不买。"

不过，到了第二年春天，秦菲又开始买花，将花卉一车车拉进院子里。邻居家的叔叔阿姨见了，笑着说："秦菲又在换花了。"邻居们都熟悉了秦菲家院子的规律，夏天花卉死掉一批，春天再换一批新的。

"没办法，这种喜欢就像我对文创的喜欢，刻在骨子里的。一到春天，不买不行的，难受死了。"

问起最近的计划，博市集团队刚刚为京杭大运河周边的人气地标设计了四款"大运河"主题冰箱贴。

秦菲拿出平板电脑，为我展示了冰箱贴的设计图，其中有古色古香的小河直街，风雨千年的拱宸桥，白墙黛瓦的大兜路，以及工业浪漫的小河公园。

整体配色上都以"多巴胺"色系呈现。所谓"多巴胺"色系，指的是那些能够刺激我们情感反应，带来愉悦感和满足感的颜色，它们通常色彩鲜艳、充满活力，象征着快乐与生机。

哪怕只是看着设计图，原本看似古朴的小河直街也突然可爱小巧起来了。

离别之前，我们来到了"博市集M·ART"文创商店，商店在中国刀剪剑博物馆一楼，位于大厅右侧一角。商店以实木搭建起框架，路人抬头可见高墙之上的透明玻璃，还有室外景致。

秦菲熟悉这里许多物件的故事。她拿起一条可以挂工牌的带子，带子上有配色养眼的花卉图案，"可以挂工牌，此外不仅能当尺子用还能充电。"

一番参观后，客户有要事联系秦菲，穿着干净利落的她，匆匆离开了中国刀剪剑博物馆。

又有不少游客来到博市集的店铺，有的反复翻看明信片，有的细细观赏棕叶扇和团扇……午后的阳光拂过高大青葱的树木，穿过玻璃，最终洒进屋子，落在了精美的物件，还有游人身上。

两位年轻女游客拿起剖丝书画团扇，爱不释手。其中一位姑娘轻抚团扇，"这个地方，我们还会再来"。

繁华深处

一个人的武林夜市外史

章衣萍

【作为一个"老杭州",传授"面鬼儿"的技法,传播"面鬼儿"非遗文化的意义,远大于谋生。】

初夏微凉,小风扑面,宜逛夜市。

夜市美食城顶部坐着一对小宇航员,"夜武林"霓虹灯热热闹闹,玫红色的爱心打卡点已经摆起,好吃好玩的摊位活色生香。烟火气和匠心手工、时尚潮玩一起,拉开武林夜市又一个夜生活的序幕。

"杭州面鬼儿"曹志林在武林夜市等我。走到约定的地点，我却找不见他。拨通电话，他指挥我，"往后转一百八十度"。转身，一位穿马甲、戴鸭舌帽的老先生正向我挥手。

原来曹志林的摊位才刚支了一半，难怪我找不到。

今天又是曹志林忙碌的一天。上午到钱江新城非遗活动现场去支了个摊位，下午去夏衍小学上了一节"X课程"脸谱课。"我说我晚上要来武林夜市的，我提供作品，让主办方找人帮我看着。"

1

曹志林一边不紧不慢地在摊位摆上他的作品，一边和我聊天。边上的商户送来几块西瓜，他招呼我一起吃。

曹志林是老杭州人，"面鬼儿"是句杭州话，意思是"面具、脸谱"。他的脸谱工艺画，采用丙烯颜料，色彩明艳，线条流畅，造型极尽夸张之能，吸收了北方脸谱画鲜艳明快的表现手法，同时又有江南艺术细腻柔媚的特点，可以说是"南腔北调"。

爱上涂涂画画，与曹志林的外公有关。

外公是一个小有名气的扎纸艺人，开了一个扎纸坊。扎纸，也叫扎纸人。旧时祭拜先人，家家户户都要烧纸人，算是众多祭品当中的一种。扎纸人，是用薄薄的桃花纸一层层糊起一个人偶形状，晾干涮白后再在人偶脸上画形态各异的图形，诸如神灵之类，意在辟邪驱魔。

外公扎的纸人不光质量好,而且画面活泼灵动。外公空暇时,常常去听说书人说书,听着听着,书里的各种历史人物就变成了他外公笔下的作品,那些人偶也都有了几分英雄气。

受到外公的影响,曹志林打小就喜欢涂涂画画,经常帮着外公给人偶涂色。这段经历,为他以后走上艺术之路,埋下了启蒙的种子。

高中毕业后,曹志林去了杭州瓷厂。因为他有一定的美术基础,厂长就让他到设计科当一名产品设计员。后来争取到机会,又去浙江省工艺美术学校带薪读了两年半。

此时的曹志林,已积累了一些绘画的技法,意气风发,却不知道属于他的艺术之路在哪里。

这天,他在湖滨的西泠印社门市部看到了一册绘本《社火脸谱》,作者是陕西著名的脸谱画家李继友。他被书里面各种各样的脸谱所吸引,"原来,脸谱也能画得如此精彩!原来,脸谱也是一门绘画种类!"兴奋之下,他赶忙花三毛钱买下这本书。

三毛钱,一本书,打开一个新世界。

曹志林茅塞顿开。

2

自此,曹志林脑洞大开玩脸谱。在创作上,他擅长吸取传统戏曲脸谱图案的精髓进行再创作,比如将旦角和花脸混搭,创作出极具反差感的脸谱作品。有时候又绘制半个脸谱在伏尔泰、维纳斯、大卫等大家熟悉的石膏像上,甚至连"Hello

Kitty"的石膏像都可以拿来做创作。他自创的产品种类也不仅限于脸谱,手机壳、环保袋、小挂件等等,五花八门。这五彩斑斓的脸谱图案,其实和什么都很好搭。

从作品到产品再到商品,最终还是要靠市场说话。

二十多年前,曹志林离开单位,选择下海经商。他把"面鬼儿"系列产品送到西湖边的灵隐、六和塔、岳庙、盖叫天博物馆等旅游景点,让别人帮忙代销,让作品走向市场。又在河坊街摆起了摊位,现场绘制,慢慢地做出了影响力。为此,曹志林还专门注册了"面鬼儿"商标,打出"杭州面鬼儿"的牌子。

几年前,曹志林将摊位搬至武林夜市,成了"武林工匠"中的一员。"杭州面鬼儿"的招牌一挂,色彩斑斓的脸谱一摆,在夜市上相当"出圈"。在这里,他学习新事物,拥抱新变化,记录新动向,与武林夜市一起成长。

"爸爸你看,蜘蛛侠!"小男孩拉着爸爸在曹志林的摊位前兴奋地喊。武林夜市上,时尚潮人和亲子家庭更多,曹志林就市场变风格,将狐狸造型的面具绘上卡通、花瓣等图案的脸谱,挺受市场欢迎,又把杭州话"来塞""色宽"结合大漆工艺做成小字牌,颇有趣味。

被明艳的色彩和浓郁的中国风吸引,几位外国游客在曹志林的作品前驻足。曹志林告诉我,外国游客尤其喜欢这种风格。之前有一对美国夫妇,把他店里的产品一股脑儿收罗一空,还告诉曹志林,要把这些东西全部陈列在他开的咖啡店里。"远在美国的一个咖啡馆里挂着我的作品,想想是蛮骄傲的。"

有时候也会结合一些当下热点来创作。杭州亚运会期间，曹志林在三块滑板上绘制了"莲莲、琮琮、宸宸"系列主题脸谱。"莲莲"红绿撞色，荷花和三潭印月点缀其中；"琮琮"红褐相间，良渚玉琮占据"C位"；"宸宸"红蓝对比，引入了大运河的水元素。主题鲜明，生动有趣。

如今在武林路上的"武林大妈微笑亭"内，特意设置了一块区域展示武林工匠迎亚运的作品，其中就有曹志林创作的将传统脸谱和亚运元素结合的定制版"杭州面鬼儿"。

2020年，曹志林的"杭州面鬼儿"被列入非物质文化遗产代表性项目。近年来，还走出杭州，参加了分别在山西文水和浙江金华举办的两届全国戏曲脸谱艺术展，这可是国家级的脸谱艺术盛会。

3

曹志林在武林夜市学到的新事物不止这些。几年前，边上的摊主是树人大学传媒专业的学生，也是个短视频博主。"我觉得很有趣，就学了几招。"从一开始只能做简单照片的切换，到找选题、选音乐、拍画面、切镜头一气呵成，曹志林玩出了心得。题材角度也在升级，一开始拍身边的商户和手工艺人制作过程，后面聚焦夜市的新动向，备受好评。

打开曹志林的朋友圈，武林夜市的大事、小事、新鲜事都在里头：武林夜市工匠团队，共同摆摊，助力"浙里来消费"武林商圈活动；武林夜市商户生病动手术，大家一起踊跃捐赠，用行动践行武林夜市一家亲；五一小长假，武林夜市人潮涌动；武林之夜汉服巡游，由贵妃领衔，小姐姐们穿上漂亮的汉服穿梭在夜市；夜市上的杨梅气泡米酒、观赏小南瓜等新鲜小物。拿起手机拍摄记录的瞬间，曹志林已经不仅仅是夜市的一位摊主，更是一位观察者、记录者。

随意点开一条，片头字幕审美在线，音乐卡点，运镜流畅，忍不住要给曹志林点赞。"这些都是用手机拍的？""是啊！儿子还给我买了个稳定器，我用不习惯，还是手机拍效果好。"曹志林拿起手机走到夜市上给我比画，"我就这样举起手机，小步子慢慢走，拍出来不比稳定器效果差。我先根据题材选音乐，再根据音乐的节奏去想拍什么镜头，拍完用剪映制作。"

学习这件事，无关年龄，在于心态与状态。有了美术功底，再加上审美在线，自然一通百通。曹志林既能画得好"面鬼儿"，也能玩得转短视频。

4

已到退休之年的曹志林依然忙碌，忙什么呢？作为"武林工匠"的代表，忙着走社区、下幼儿园、进课堂、入残疾人之家，人生开启公益新模式的同时，分享和传播"面鬼儿"非遗文化。

每周五下午，曹志林都要去为夏衍小学的"X课程"上课，有一个小时的时间可以教孩子们画一画脸谱，讲一讲脸谱背后纹样的故事。平时在"武林大妈微笑亭"开设脸谱课程，选一些经典的脸谱纹样打印到纸上，让他们也来浓墨重彩地涂上几笔。到了暑假，他联合媒体一起，为"小候鸟"专门开设脸谱课程，为他们的假期增添五彩缤纷。六一节来了，他到幼儿园，用专用的颜料给小朋友的脸上画一个"面鬼儿"。

曹志林本就是个热心人。八年前，他收了一个特殊的徒弟——一位聋哑人。曹志林免费教他画脸谱，还把一些需要加工的半成品交给他制作以增加他的收入。后来这位徒弟结婚生子，夫妻俩都是聋哑人，生活压力倍增，再加上疫情这几年，要画的脸谱急剧减少，收入相对没有原来那么好，曹志林就想尽办法给他找事做。最终，靠着从曹志林这里学来的手艺，街道残联帮他物色了一份画瓷杯、瓷瓶的工作。

聊着聊着，曹志林的手机"叮咚"一响，"钱江新城的摊位上，他们帮我卖了样东西，把钱转给了我"。他给我看照片，大大小小的"面鬼儿"和拨浪鼓，错落地展示在汽车的后备厢，配上小串灯，很国风也很潮。这几年，他和他的非遗作品活跃在各种非遗市集、非遗活动的现场，还捐赠自己的作品热心参与"武林匠心公益市集"。

几年前，曹志林被评为2021年度"拱墅工匠"，也成为武林夜市的帮扶导师，帮助大学生或困难人群再就业。他毫无保留地把手艺传授给有需要的人，让他们有一技之长，去创新，去工作。

在曹志林看来，作为一个"老杭州"，传授"面鬼儿"的技法，传播"面鬼儿"非遗文化的意义，远大于谋生。

5

"走,我带你在夜市上逛一逛。"

聊了半天,才想起来还没好好逛一逛武林夜市。

两米高的小熊,卡通小熊毛绒玩具,"蜀黍家——反诈警察小熊铺"成了夜市上的人气"显眼包"。几个月前,"反诈警察小熊铺"正式入驻,为武林夜市又增新风景。

"这几年来,夜市的摊位差不多多了一倍,人流量也大了一倍,还多了不少旅行团。"走在武林夜市上,曹志林指着身边的年轻摊主如数家珍。"这是绒花和缠花,是非遗的工艺,你看这个花是不是像真的一样。这一家是纯植物的手作,仔细看看很精致。现在漆扇很火,最早就是从这里火起来的,我们是大漆的漆扇。这是来自安吉的竹编,现场还特意给布置了一下,拍照就很好看。这就是我拍的小南瓜,是不是很可爱。"

这是武林夜市新开的文创市集"运阖集·武林之夜",数十位年轻的品牌文创主理人带着他们的文创品牌和故事来到武林路,这些精美手作带着奇思妙想,成了武林夜市的新风景。

吸引人的,不仅仅是摊位的产品。塔罗牌的摊位是一个挂着星星灯的帐篷,神秘氛围拉满。奶茶摊位的背景墙上,古风红灯笼排排挂。能在巨大的橙红落日灯前喝上一杯鸡尾酒,还能到非洲鼓摊位坐下来听一听摊主现场的演艺。一圈逛下来,武林夜市的照片,朋友圈的九宫格或许不够晒。

夜市的另一端,带着"烟火武林""武林故事"字样的方糕摊位热气蒸腾,人气火爆。"这是武林夜市自创的品牌,还有一家卖酒的。'武林故事'桂花米酒、杨梅酒，来喝一口！"说着，曹志林就递给我一杯微粉色带着气泡的杨梅酒，颜值在线。自去年起，武林夜市布局文创行业，注册"武林故事"商标，涵盖四十五个品类，志在打造武林夜市自有的文创产品。

夜色渐深，客流渐密。"这点人流算少的，高考结束肯定更多。"守在摊位前，曹志林做着"精准预测"，满脸笑容和期待。

而"上新"这件事，对于武林夜市和曹志林来说，如日升月落一般，已成为常态。学到新技能，汲取新灵感，塑造新品牌，引领新消费，每一次来武林夜市，都有新故事、新体验在等你。

心之所往，星河滚烫

陈曼冬

【白天，它是一艘动感十足的"星际战舰"漂浮在湖畔，随时准备起航；当夜幕降临，它又变为巨大的"星际涡旋"，彰显出新时代运动的独特魅力。】

1

我们曾仰望星空，记忆中，星际生命穿越时空的爱恨情仇，交织在旋转闪烁的黑暗宇宙森林之中……

夏末秋初一向是电竞圈格外火热的时节。2024 年 8 月 17

日当天，一条名为"蛋仔也是挤进电竞圈了"的词条在抖音热榜飞速上升，一路来到热榜 Top2，观看人数也突破了 6000 万，一时间成为电竞圈新的"时尚单品"。2024 年《蛋仔派对》全国总决赛正式在杭州电竞中心打响，从五大赛道突围晋级的 32 位选手和 8 支战队一同角逐总冠军。总决赛分为两天，8 月 17 日为个人赛决赛，18 日为团队赛决赛。经过两天的比拼，个人选手"尔"获得了 2024 年《蛋仔派对》全国总决赛个人赛冠军，"末默不理超达"战队夺得了团队赛的桂冠。

很多人都觉得打游戏就等于打电竞比赛，其实两者完全不相同。当爱好变成了职业，不仅需要天赋，更需要付出努力。

中国的电竞产业有多火爆？《2023 年中国电竞行业研究报告》显示，2023 年中国电竞市场规模约为 1664 亿元，同比增长 5.4%；2023 年中国电竞用户整体规模约为 5.11 亿人；2023 年第四季度有 50.8% 的移动设备用户每月都会使用手机玩游戏……

事实上，电竞作为数字体育的核心产业，已经成为数字经济赛道不可忽视的一股力量。电竞亦不是单纯的体育赛事，其背后拥有以电竞赛事为核心，以传媒、经纪、消费、旅游、培训等为衍生的产业链，从线上到线下，从上游游戏研发团队与运营商，再到下游电竞媒体，电竞产业有着较为成熟的运营模式和可期的商业价值。

中国杭州电竞中心地处杭州拱墅区皋亭山南麓的北景园生态公园之内，隶属石桥街道，是 2022 年杭州亚运会确定电子竞技作为正式比赛项目后，中国第一座亚运会电竞比赛标准场馆。

这里曾是传统的农耕之地，旁边的古通济桥自古以来便是杭城重要交通便道和集市枢纽。20世纪70年代起，华丰砖瓦厂、华丰绸厂、永佳灯具市场、杨家花卉市场等乡镇企业蓬勃发展，构筑起庞大的产业体系，石桥乡（现石桥街道）成为浙江省首个亿元乡。

进入新千年，随着城市化进程加快、城市功能区划调整，老牌工业企业大量外迁，石桥区域农居房屋混乱、违建多、环境差、公建弱等情况凸显。在"八八战略"指引下，拱墅区坚持绿色发展理念，石桥区域通过"腾笼换鸟"、"四村"连片改造，打开了新一轮发展空间。曾经的半山电厂、杭州灯泡厂、杭州热水瓶厂的厂区涅槃成为杭州首个创新型用地产业园——智慧网谷小镇；曾经的农居点成为全省首个电竞数娱小镇，落地国内首个以环境生态为主体、电竞为重点特色的城市休闲游憩型绿地——北景园生态公园。

2022年5月，中国杭州电竞中心以"星际战舰"的造型在北景园生态公园炫目启航。一串串色彩绚丽的灯带在电竞中心外墙上交相辉映。场馆内梦境、时空、对话、星际、涡旋等五个系列的景观组团形成全景式沉浸体验空间，瞬间将人们带入"赛博朋克"世界。

电竞中心场馆占地19亩，建筑面积近8万平方米，座席4500个，正中设置可升降的4面大屏与4角小屏，6块端屏加上193盏演艺灯，营造出电竞比赛的科技感、未来感，让不同角度的观众都能身临其境，享受感官盛宴。

在杭州亚运会期间，整个场馆以数字驾驶舱作为指挥中枢，接入万余数字化设备，对车辆数据、通行数据、检票数据进行一体化管理并及时分析预警，全程为赛会保驾护航。

2023年9月26日，中国队2比0战胜马来西亚队，夺得亚运会正式项目历史上首块电子竞技项目金牌。随着国旗升起、国歌奏响，中国电竞书写下浓墨重彩的新篇章。

在杭州第19届亚运会赛程中，电竞项目共吸引了31个国家和地区近500名运动员报名参赛、400余家媒体报道、1500余名记者观赛，累计接待观众约5.5万人，堪称本届亚运会最热门赛事之一。拱墅区从"无官方协会、无官方赛事、无官方标准、无官方技术团队"起步，确保电竞首次"入亚"圆满成功，随着7枚金牌诞生，杭州作为"电竞之城"的知名度在国际范围内进一步打响。

2

说起这座电竞场馆的设计，也是可圈可点。

由于电竞中心的地理位置是老城区，在当初场馆设计的时候，面对周边的环境，建筑师采用了一种面向公园和当地居民开放的姿态来设计电竞中心。

设计从电子竞技项目中"科幻、未来、动感"的第一印象出发，着眼于星系内天体之间由引力所产生的"星际旋涡"般的运动轨迹，并将这一理念在电竞中心外观和周边景观的设计上展现得淋漓尽致。三条主步道作"骨架",环绕核心旋转上升,形成双曲面异形结构,宛如星云中的恒星。

建筑外围大量采用自由曲线设计,引入螺旋形绿化带,以象征天体运行的动态之美。原本整体的建筑形体,被穿插于体块之中螺旋上升的空中漫步道切开,主场馆如大地景观中自然生长的有机体,一气呵成。在室内外之间游走的漫步道,将人们慢慢从地面牵引到建筑顶端的空中花园。

双曲面异形结构的施工难度有多大?看看场馆获得的"2021年度中国钢结构金奖"这个荣誉,就不言而喻了。不光外形酷炫,电竞中心就连外立面都是满满的科技感。

一进入场馆大厅,头顶的白色天窗玻璃逐步变成了杭州亚运会色彩系统的湖光蓝。看出了我的疑问,场馆相关负责人解开了谜底:"这种电致变色玻璃能够根据室外温度的变化来调节馆内温度。当室外气温变高时,玻璃颜色就会加深。同时它还能通过系统调节场馆内的温度,使馆内人员体感舒适。"

电竞中心的外观形态虽然复杂,但内部结构设计遵循自然规律,展现了技术的美感。建筑主体结构中部为圆形钢框架结构,屋顶则采用独特的车辐式索承网格自平衡结构,它由24榀张弦梁构成,与主体钢结构通过环向桁架铰接。外围结构采用了"大倾角梭形斜柱+多段钢折梁框架"设计,它由48榀变截面实腹钢梁和斜柱组成,与内部钢管混凝土柱相连。建筑结构与造型和谐统一,仿佛自然生长在大地上的有机体,营造出一种既动感又诗意的氛围。

观众门厅屋顶大大小小的天窗，形如围绕星云中心旋转的彗星，将阳光与空气引入观众门厅的内部。工作人员向我介绍说，去年亚运会期间正值杭州满城桂花香，场馆利用换气设备，在比赛的时候将室外的桂花香引入室内，一时间，场馆内香气氤氲，美好至极。

在性能上，绿色也是"星际战舰"的一大特色。以空调系统为例，通过"地源热泵＋冷却塔"等方式，就可以节能30%。

专业电竞馆与传统体育馆之间最显著的区别在于观赛体验的差异。在电竞赛事中，几乎所有的比赛内容都通过大型显示屏呈现，要求观众密切关注屏幕上的比赛进程。如何利用高科技手段给观众提供无与伦比的观赛体验，成了电竞中心设计的重中之重。

此外，电竞比赛的展现形式更为多样，包括游戏知识产权及其衍生的数字内容，以及经常融入的增强现实（AR）、混合现实（MR）等虚拟交互场景。这些因素都对电竞馆的声学、照明和电子技术设计提出了更高的要求。走进"星际战舰"，最引人注目的便是拥有4面大屏和4面角屏，总面积240平方米的斗屏。这个大家伙可升可降，最高可以升至离地面22米，能满足场馆内不同座席位置的观众观看。加上长184米的看台环屏和6块高区端屏，形成近580平方米的巨大显示区域，为观众带来360度沉浸式视觉体验。同时，馆内音响达到NBA场馆级别的专业标准，布置的6组线阵列音箱，能有效对场馆提供均匀且清晰的声音覆盖。场馆内壁采用的玻璃纤维穿孔板还能减少馆内声波的反射问题，达到良好的消音效果。

馆内还安装了192个可升降演艺灯，可以上下左右360度旋转，以多点射灯的效果，营造炫彩的氛围。

得益于如此优越的硬件设施，电竞中心还可兼顾球类赛事、演唱会等，在没有电竞比赛的时候，也可满足多种其他赛事、文艺演出、博览会等综合场馆需求。

因电竞赛事的特殊性，"星际战舰"内的大型电子设备是其他场馆的数倍，对场馆的供电要求极高，同时在管理上也提出了更高要求。此时，场馆指挥中心的数字驾驶舱发挥了重要作用。

白天，它是一艘动感十足的"星际战舰"漂浮在湖畔，随时准备起航；当夜幕降临，它又变为巨大的"星际涡旋"，彰显出新时代运动的独特魅力。

3

2024年5月，杭州电竞中心迎来了网易游戏《第五人格：深渊的呼唤》全球总决赛，1万多张决赛门票，一经上架瞬间被抢售一空，很多没有抢到票的粉丝只能在会场外围为主队加油。此次《第五人格》全球总决赛，共有20支战队挺进小组赛，决赛期间，共有13600名来自全球各地的电竞爱好者齐聚城北。据统计，《第五人格》赛事及相关活动对当地"吃、住、行、游、购、娱"六要素产生直接拉动经济效益近千万。

作为杭州的电竞高地，拱墅区重点加强电竞产业链培育，促进电竞产业与周边产业、内容产业与上下游产业交互赋能。

产业布局上，拱墅区构建"一心三园"："一心"，即以杭州电竞中心为中段核心的赛事活动中心；"三园"，即海蓝电竞数娱园、杭州新天地、智慧网谷小镇。海蓝电竞数娱园汇聚电竞文娱产业链后端企业，主要集聚游戏直播、电竞俱乐部基地等衍生行业。杭州新天地主要承托游戏研发、游戏代理、游戏运营等电竞龙头企业。智慧网谷小镇发挥产业集群优势，实现传媒、技术、资本联动发展。

要素导入上，拱墅瞄准产业影响力大、虹吸效应明显的电竞核心龙头企业主动出击，腾讯、网易、完美世界三大国内电竞头部企业在杭州电竞中心启用当日便同步进驻。以龙头企业为引领，拱墅持续推动电竞产业链加快集聚，先后引进杰艺文化、赛世电竞、焱石网络等知名电竞企业，成功落地中国奥委会控股企业——华体电竞的全国教育总部。在拱墅区举办的第五届、第六届中国电竞产业大会上，拱墅通过搭建产业交流平台，创新行业发展模式，助推电竞产业生态化，擘画数字体育产业新蓝图，成为展示中国电竞产业形象的新窗口。

规则制定上，拱墅在亚洲电子体育联合会、国家体育总局、杭州亚组委的指导下，完成赛程、竞赛赛制、竞赛办法等规则的制定与完善，制定FOP区（比赛场区）人员管理办法和参赛队伍抽签办法、抽签仪式，修订技术手册3.0版本，实现比赛"有章可循"。同时，拱墅区紧抓与亚电联、国家体育总局三方合作契机，总结亚运会办赛经验，编制电竞专业赛事运行规范和团队执行标准，抢占全国乃至亚洲电竞行业标准高地，推动杭州成为电竞行业规范化发展的先发城市。

电竞产业是一个引流业态，通过俱乐部和赛事将粉丝吸引到线下来，带动城市餐饮、住宿、文旅等消费，在杭州电竞中心一街之隔的新天地商圈，就能看到电竞产业对消费的带动。

杭州电竞中心自正式启用以来，先后举办了《大话西游》《第五人格》《英雄联盟》《永劫无间》《王者荣耀》总决赛等知名电竞赛事，场场爆满、一票难求。

与其他电竞城市相比，杭州的优势还在于动漫产业的发达，拥有非低幼化的动漫 IP，具有游戏化的商业价值。

4

中国杭州电竞中心，还是一座生长在公园里的场馆。

电竞中心位于北景园生态公园心脏地带。北景园生态公园整体占地 36 万平方米，公园内蕴含着丰富的历史文化元素。电竞中心所属的石桥街道，得名于境内以桃花盛景著称的桃花漾水系上的一座古石桥，桥名"通济桥"。

在杭州城里，一共有三座通济桥，分别位于拱墅区、余杭区、萧山区。拱墅区通济桥位于石桥街道东北，建于明嘉靖二十三年（1544），桥基为半山山脚岩石，直接以石砌筑，故称石桥。

虽然桃花漾边桃树不多，但听闻此名，想必旧时桃花开得也是艳丽无比！有诗为证："湖上桃花开已乱，溪上桃花发更狂。

勾引春光太无赖，篱边直欲坐人床。"咏唱的正是甘墩村（今石桥）大家争看桃花的情景。

桥身半圆单拱，拱圆的砌置方式是众平分节并列式，桥面以条石连接成桥栏。与一般的桥相比，这座三孔"通济桥"更为小巧古朴，呈南北向，全长不过15米，两边加起来也就十几个台阶。厚重的青石栏板，也很少见。漫步桥上，俯身往下，桥基布满青苔，拱形桥壁两侧各有莲花雕刻，文保专家曾说，这样的石雕莲花座在杭州的古桥上都是罕见的。再仔细看，桥的四面桥墩上还有楹联，曰："一箭春水开明镜，两岸桃花夹彩虹。通畎浍以滋我稼，济往来而达行踪。"

杭州本是水乡，今半山桥、石桥路一带原为诏息湖，据《水经注》记载，此处为秦始皇巡狩所憩，故有诏息湖之名。

在北景园生态公园内，古桥被完整地保留下来。融历史文化于山水环境中，将"秦始皇诏息"传说、桃花漾、古通济桥等文化元素点缀到自然园林环境中，体现园林历史文化的深厚。

公园以古桥为基点，河道北侧区域按照传统园林风貌建设，采用自然式造景手法布置了海棠园、樱花园、杏李园、桃花园、梅花园、玉兰园等各类花园，形成春花烂漫、夏荫浓郁、秋色绚丽、冬景苍翠的四季景致。随处可见的樱花、桃花延绵绽放，景色美不胜收。南侧区域以杭州电竞场馆为核心，通过树丛、花境、草坪等元素的精心布局，组合成风貌秀丽的微地形。

结合北边湖面通畅、开阔优势，公园在水岸边打造了仿古亭台，展示自然山水风貌。南边的湖面小巧精致，投影出不远处的亚运电竞场馆，周边还设置了儿童园地、雪松大草坪等休闲活动区域，南北两个湖面通过弯曲的溪流与石桥河相连，形成了完整的水系。除了原有的古通济桥之外，南大河区域还新建了四座景观人行桥，均设计为江南传统风格石桥。水面开阔处采用拱桥、八字桥，水面狭长处布置简洁的平桥，桥身与水中倒影相映成趣，既满足交通需求，又增强了亲水性，进一步丰富了周边市民的游赏体验。

事实上，这片区域被城市回迁小区、高铁线路及城市快速路环绕，形成了类似三角形的场地。同时，城市道路和铁路线也将整个公园分割成3个独立部分，形成了2处难以到达的公园"飞地"。针对这一问题，设计师通过设计高架绿化连桥，上跨连接东新东路，并设置下穿高铁线路和石祥路的地下人行通道，将公园主体与分散的"飞地"连接，从而引导市民从不同方向进入公园，并最终汇聚到电竞中心，有效地破解了周边复杂交通条件对场地的桎梏，形成了电竞中心与生态公园之间的和谐共生关系。

现在，电竞中心成了远近闻名的网红打卡地，而北景生态公园也成了周边居民休闲、娱乐、遛娃、健身的"圣地"。北景园生态公园，让体育场馆不仅是比赛的场所，更是集休闲游憩、运动健身、文化体验、智能互动等功能于一体的城市休闲游憩型绿地，是有着江南韵味和国际魅力的公园新名片。

露营是春天的正确打开方式

何婉玲

【在年轻的氛围里,人的内心会重新点燃某种活力、热情与激情。】

1

晚风轻拂。一个阳光帅气的男生站在小河公园下沉式广场的"101CAMP"中央唱着张震岳的《小宇》:"不管未来会怎么样,至少我们现在很开心……"他身穿白底印花热带风情衬衫,着黑色阔腿长裤,人长得干净秀气,歌声清澈深情。

越来越多人循着歌声,坐在台阶上。

天空最后一抹红色晚霞消散，夜色很快笼罩下来。"101CAMP"工作人员开始给观众发放海绵荧光棒，绿色，黄色，红色，紫色，一点一点，星光般璀璨起来。

"101CAMP"蛋卷桌上的马灯亮着萤火虫色的微光，晚风穿过一旁花丛中的迷迭香，一股一股碰撞出香气。

今晚演唱的是川川，2000年出生，音乐专业毕业的大学生。米粒喜欢听川川唱歌。米粒是火山湖传媒公司的创始人，也是"101CAMP"的主理人。一谈起眼前这个年轻男孩，米粒就忍不住点头：川川啊，什么都好。他非常有职业操守，人很好。一个晚上，他一首接一首地唱，经常连唱一两个小时不歇息。他是真正热爱音乐的人，很有控场能力，能和观众热情互动，丝毫不亚于成熟的演唱明星。

"101CAMP"有七八个这样的年轻歌手。他们从小就有音乐梦想，不少是校园十佳歌手。"101CAMP"入驻小河公园后，他们主动找到米粒，问，能不能加入她们担任露营基地的驻唱歌手。

有一个名叫Jane的歌手，是个非常独特的女生，打扮得像个假小子，家住运河附近。因为父母关系不好，受不了家中压抑的气氛，每周六到小河公园，独自一人坐着听歌。有一天，Jane拨通了露营基地电话，要来面试当歌手。"她的嗓音像王若琳，醇厚，低沉，有质地。"米粒留下了这个女孩。

站在舞台上的Jane，得天独厚的嗓音让她浑身散发出迷人魅力。她沉浸在音乐中，而音乐这个奇妙瑰丽的世界，帮助她逐步走出生活阴霾，发现另一个快乐的自己。

"下面给大家带来的一首歌，是许嵩的《素颜》。"川川凑近话筒。

现场马上有听众哇的叫喊起来。

"演唱会抢票难，价格又贵，不如到此，热闹又有趣。"不少人把周六到小河公园听歌列为每周固定项目。

川川一首一首演唱，有时唱完一首，他会停下来，让观众点歌。他身后红锈色的油罐上，浓密的五叶地锦和络石，正循着镂空的铁网向上攀爬，形成一个植物旋梯。

让米粒意外的是，小河公园里竟然聚集了这么多年轻人。

一位白发苍苍的听众，颇为感慨地告诉米粒，坐在年轻人中间的这个夜晚，让他回想起自己年轻时的朝气。这位听众是杭州师范大学的一名老师，那晚，他坐在"101CAMP"木屋附近的卡座。他说，杭州有许多社区公园，大多数社区公园是老年人的聚集地，老人们在广场散步，跳广场舞，社区公园似乎并不吸引年轻人。但是小河公园，竟吸引了如此众多的年轻人，太令人惊喜了。广场需要注入年轻力量！

在年轻的氛围里，人的内心会重新点燃某种活力、热情与激情。

米粒身上就带着年轻人特有的那种朝气和自信。她不喜欢躺平文化，"年轻人就该有年轻人的面貌"。

"你知道这个露营基地为什么叫101CAMP吗？"她问我。

"是因为小河公园有101个台阶吗？"

"那倒不是,我也没有数过小河公园有多少个台阶。101,是希望我们的服务比 100 分再多 1 分。"

"这么'卷'?"我笑。

"在我的信念里,要一直做'卷王',不支持'摆烂'和'躺平'。趁着年轻就该去拼,去搏,任何工作都要全力以赴。"

米粒将这样的年轻宣言挂在了露营基地四处,比如"永远热烈,永远尽享欢愉,永远不惧风雨""等风来,不如追风去""我们还年轻,长长的人生,可以受一点风浪""尽量快乐,然后,务必善良""将生活嚼得有滋有味,把日子过得活色生香"……

创业初期,米粒更侧重和一些品牌合作、场地合作、文旅合作,渐渐地,她觉得,为何不拥有自己的营地呢?虽然,创建自己的品牌、自己的连锁营地,需要面对更多困难,承担更大成本,应对更多不确定,但毕竟"我们还年轻,长长的人生,可以受一点风浪"。

年轻,不是装点出来的,而是活出来的。

米粒用行动,践行着她的年轻宣言。

2

2022 年 10 月 1 日,小河公园正式对外开放。"很洋气。"这是米粒第一次见到小河公园的感受。

时间倒退至 1951 年,这里建立起新中国成立后,浙江省的第一座油库——小河油库。油库坐落于运河边,一旁是广阔的稻田。因为地理位置优越，运油船通行、停靠方便，小河油库很快成为杭州及周边地区油品供应的"大动脉"，并享有"水上加油站"的美誉，年吞吐量最高达到五十六万吨。

经历过高速发展，又历经时代变革，到了2012年，小河油库的年吞吐量降为二十四万吨，2014年缩减至十二万吨，2016年三十三个油罐只有七个还在工作，至2019年秋天，小河油库彻底退出历史舞台，老厂子开始拆除。

余下的一片工业遗迹，如何利用，如何改造？

"他们请来了隈研吾。"米粒同住在附近的居民一样，对此有了新的期待。

隈研吾，是日本著名建筑大师，2020年东京奥运会体育馆设计者。这位日本设计师，喜欢中国美食，喜欢中式园林，一个月至少来一次中国，了解中国年轻人的观念变化。他在中国留下了许多作品，比如长城脚下的"竹屋"、北京瑜舍酒店、三里屯SOHO、阿里巴巴总部办公楼"淘宝城"、中国美术学院象山校区的民俗艺术博物馆等等。他的建筑富有东方禅意，建筑风格在建筑界被誉为"隈研吾流"。

隈研吾曾在一次采访中说："20世纪的建筑设计是坚硬、孤立、独立的，21世纪的建筑完全不同，它们是自然、干净的，人们的喜好已经发生了巨大的变化。"

自然、干净，注重建筑与环境的融合。隈研吾在小河公园的设计中，同样注入了这些理念。

隈研吾从运河边的散步和小河油库遗址的行走中获得灵感。

他在小河公园项目中保留下20世纪60到80年代的三幢仓储房、一个露天钢混构筑物和三个油罐，并将它们改造成剧院、活动空间和商店等。

其中三个立式拱顶钢油罐，罐体上遍布四千多个大大小小的圆孔。白天站在油罐中央，阳光穿过大小不一的孔洞，一束束光线纵横交错，形成奇妙的丁达尔效应。那些光线迷离闪烁，呈现出别样艺术效果。

晚上，油罐点亮灯光，从外面看，锈红色罐体就像一个巨型灯笼。冷峻、坚硬、高大的油罐，与孔洞和光亮营造出来的细腻、温馨、幽静，浑然若天成。古老的运河水在一旁静静流淌，枫杨树摇曳着枝叶，一个个"油罐灯笼"矗立于芒草、蒲苇、苔草、蕨、狗尾草等营造的河边湿地间，创造出一种奇幻而古典的中式浪漫。

曾经的工业丛林，如今变身艺术之地，一个个油罐，像一个个神秘的工业城堡，让人好奇地走进，猜测会遇到怎样的奇遇：是一间飘散着抹茶拿铁芳香的咖啡馆，一间陈列着复古雕刻图案的陶器店，还是一间空无一物的巨大艺术空间？

米粒选择小河公园，就因为这里时尚，既年轻，又潮流。国际设计大师赋予这里超现代的艺术元素。同时，周边社区成熟，自带人流，又处于千年运河边，拥有足够深厚的文化底蕴。

当她第一次行走在小河公园，享受到一次赏心悦目的建筑艺术之旅，她很快就认定，小河公园很适合露营业态。

"对于露营，大家首先会想到好山好水，特别远郊的地方。

其实，露营是一种心境，一种状态，不是说要徒步多远，或要亲手搭建一个帐篷，才叫露营。只要抬头，头顶没有天花板，一个露营杯子，一把露营椅子，就可以露营。"

米粒考察过许多露营基地，也亲自体验过多次露营，她更看重露营给予人的氛围感，以及在这种氛围下，自己的心态有没有放松，情绪有没有得到松弛——小河公园这片独具艺术气息的城市绿地，恰能给城市年轻人提供恰当的情绪价值。

小河公园的改建，同时打通了曾被小河油库占据的长长一段河畔，如今，市民徒步运河，不必再绕行一条远路，直接沿着运河两岸，就可以畅通无阻地漫步三十点四公里。

公园里，不断有人来来去去，在等待傍晚来临的一个时刻。米粒在心中，为自己定下了一个新目标，要将小河公园的"101CAMP"打造成杭州的一张新名片。

3

加缪在一则笔记中写道："我不读报。我感兴趣的，是天气怎么样。星期天我要去露营。"

《国际环境健康研究杂志》发表过一项研究成果，称为"公园二十分钟效应"。这项研究显示，如果每天在公园待上二十分钟，哪怕什么都不做，人的状态也会好起来。

二十分钟并不长，但对很多人来说，尤其是年轻人，在公园待二十分钟仍是件很困难的事情。

这正是米粒坚持要做城市露营基地的原因。

此前，浙江音乐学院有个大二女生向她倾诉，因为整夜整夜失眠，担心自己会过早脱发。米粒很惊讶，为何十几二十岁的年轻人就已整夜整夜失眠。"因为毕业就代表了失业。"这句话，对米粒打击很大。这个"内卷"的时代，无论创业也好，开店也好，哪怕是一名学生，都对未来充满焦虑。这样的压力悬在头顶，令人窒息。

露营是接触自然，放松身心、释放压力的较好方式之一。但是大多露营基地，设立在城郊或者山中，就像米粒在西湖高尔夫公园的营地，坐着就能看到远山和茶园，大片大片绿意，给人远离尘嚣的悠然与惬意。到这些地方通常有较长的路程，米粒更希望将露营基地设立在大家下班后步行就能到达的地方——将每日"两点一线"的生活版图再拓展一个"点"，在家与公司之间，增加一个生活休憩站，一个随时可以停歇下来的地方，离喧嚣不是很远，离安宁很近。

她将这个"点"落在了运河边。"希望小河公园的101CAMP，能成为大家'三点一线'中的一点。"

我认真注视起眼前这个穿着深蓝色连衣裙，耳下垂着两个宝石蓝耳坠的漂亮女孩，明媚大气，聪明沉静。她坐在露营椅上，面前摆了一瓶气泡水，她温柔地将一只白色布偶猫抱进怀里。

米粒是嘉兴嘉善人，从小在水乡成长，大学来到杭州，如今定居在运河边——依然没有离开水。水边的姑娘，有着河水般的灵动和轻盈，她的身体里，也有着河水般百折不挠的力量。即便面对一出疫情就进入了凌冬的露营行业，面对高温之下不得不暂停营业的窘境，她从来没有想过半途而废或放弃。

2024年8月中旬，"101CAMP"刚刚恢复营业，一个结束夜跑的年轻人，走来，点了一杯饮品，然后在夜色中静享公园静谧。营地里的座椅散乱摆放着，透着自由与慵懒，就像夜晚的河水，自由而慵懒地流淌。

"来这里入座，不一定要消费。"米粒说，"我更希望前来的人，能在这里获得放松或者治愈。"

为了给大家提供更多有意思的户外活动，米粒在"101CAMP"举办过一次夏晚嗑瓜子大赛。

比赛规则是，在规定时间里，谁嗑出的瓜子数量最多，谁就胜利。

在中国，嗑瓜子，还真是无人不会。丰子恺说："吃瓜子，的确是中国人独得的技术。其纯熟深造，想起了可以使人吃惊。"

那次活动的火爆，让米粒颇感意外。男男女女，老老少少，都来跃跃欲试，全民热情高涨，附近的保安叔叔、保洁阿姨也来报名。一个年轻小伙子说，嗑瓜子，我在行，肯定能拿第一。

一个晚上，嗑瓜子声像雨声一样响亮。可以感受到，人人都很快乐。

一想到大家快乐，米粒的心就像清早哗啦一下拉开的窗帘，布满了阳光。米粒策划过许多有趣活动，比如圣诞复古露营嘉年华、草坪音乐会、大胃王争霸赛、摇摆舞会、白色派对……

终于结束一天工作，米粒带着女儿到运河边散步。运沙船在身旁缓缓行驶，水声咕噜噜一串，时有夜鹭飞过来。一只小松鼠，拖着蓬松如鸡毛掸子般的尾巴，敏捷地从一棵大樟树跳到了另一棵大樟树上。

1986，划着皮艇去北京

吴卓平

【那一刻，好像又回到了当年，两个年轻人沿着京杭大运河划着皮划艇去北京的时光。】

1

全长一千八百公里的京杭大运河是世界上最长、最古老的人工运河。1986年，二十五岁青年徐水强和搭档蒋卫民划着皮划艇，沿着大运河，从家乡杭州出发，历时四十二天，最终抵达北京。

彼时，他们的壮举引起了全国的关注。中央电视台《话说运河》栏目组专门跟拍采访了两人的运河之旅。

著名主持人虹云在节目中这样介绍：杭州青年徐水强、蒋卫民不是骑着自行车，而是划船从杭州沿着大运河来到北京的。这两位青年在千里运河之上，经历千辛万苦终于以顽强的意志到达了胜利的目标。

三十八年过去了，在屏幕之外第一次见到徐水强，同样是在运河之畔。他的水尚皮划艇运动俱乐部位于西塘河边，西塘河连着小河，如果划着艇出去，不一会儿便可来到大运河。

2012年，徐水强操办起这家皮划艇俱乐部，现在拥有几百名会员。俱乐部属于众筹性质，有十几个股东，当年的搭档蒋卫民也是其中之一。

见面特意约在了下午。那天上午，徐水强和他的学员们刚刚结束2024钱塘江横渡活动的水上救援保障工作。除了打理俱乐部的日常工作和运动培训，他还有另一个身份，正是杭州市船艇运动协会的秘书长，刚一见面，徐水强便开起玩笑说，自己的人生早已和皮划艇牢牢绑定在一起了，既是事业，也是爱好。

的确如此。不久之前，徐水强带着俱乐部的十几位学员，完成了一趟皮划艇主题之旅。他们去了北极圈的格陵兰岛，因为那里是皮划艇运动的发源地。岛上博物馆里有一艘古老的皮艇，里面用野兽的骨架支撑，外面包了一层兽皮。早在几千年前，岛上的因纽特人（爱斯基摩人）就是用这种交通工具在海上航行的。

他们在格陵兰岛划了皮艇,还跳到水温只有两三摄氏度的海水里游泳。离开格陵兰岛之后,他又带团去了挪威,找了当地的两家皮划艇俱乐部进行协助。在山色空蒙的纳柔依峡湾,以及仙境一般的艾于兰峡湾,他和学员们先划了皮划艇,然后轮流划桨板,"两块桨板是我从杭州带去的"。

之后,徐水强还去了趟巴黎,算是完成了自己一直以来的一个心愿——清晨,在塞纳河上划起了桨板,"桨板和皮划艇都是适合大众的水上运动。在水里划很安静,这个时节的巴黎微风习习,很美的"。

我问他,平时除了培训学员,还会经常下水划艇吗?

"只要一有空,我就下水划。几年前,我还和蒋卫民一起参加了全国休闲皮划艇大赛(杭州站),拿了双人皮艇项目的全国冠军。"

那一刻,好像又回到了当年,两个年轻人沿着京杭大运河划着皮划艇去北京的时光。

2

不妨把时间重新对焦,回到1983年,二十岁的蒋卫民尚是杭州重型机械厂的一名青年工人,由于受一位法国探险家的启发,他萌生了用舢板横渡大海的想法。当时,这个异想天开的想法获得了支持,杭州市航海俱乐部(杭州市水上运动中心的前身)允许他一周来训练两次,并建议他把项目改为皮划艇,还委派教练徐水强进行协助。

担任专业教练的徐水强比蒋卫民大两岁。很快，两个热血青年重新定了一个目标：划着皮划艇，沿京杭大运河，从杭州去往北京。为此，俩人足足准备了三年。当然，除了训练，最重要的是筹款。两个人用写信的方式，寻求杭州本土企业的赞助。这期间，蒋卫民想到了效益相当不错的杭州第二中药厂（后来的青春宝集团），但他们并不认识时任厂长的冯根生，于是先写信，一个礼拜后，直接骑车找上门去。在听了蒋卫民的一番讲述之后，冯根生当场拍板，同意赞助。

现在回想起来，徐水强觉得当年的冯厂长支持他们，是从他们身上看到了年轻人的活力和冲劲，"用当年的话说，就是脸皮厚。"青春宝赞助了一千五百元，杭州市体委和当时的半山区体委也分别赞助了五百元。"这两千五百元，在当时就是一笔巨款啊。"当年，徐水强的工资不过每月五十元，而蒋卫民在杭州重型机械厂上班，每月工资仅三十元。两个人商议之后，买了一顶晚上睡觉用的户外双人帐篷，花去一百二十元，顶俩人一个多月的工资。不过，至于如何从杭州划船去北京，要划多久，俩人其实也没有具体计划，只想着累了就上岸休息，休息好就继续划。

"运河的水路具体应该怎么划？南方运河段什么情况？北方运河段又是什么情况？当时没有任何有效信息可以参考，我们也仅仅是从新华书店买了本地图册简单研究了一番，身上带了个指南针，就这么出发了，先划再说，初生牛犊不怕虎！"

徐水强回忆，大运河黄河以南大部分水域皆通水通航。1986年8月8日，两人从当年半山区（如今拱墅区）的上塘河皋亭坝附近下水，带着三十斤装备，包括运河地图册、指南针以及单位开的介绍信，一路向北。很快抵达半山桥，继续往北，中午到达临平，徐水强上岸买了个西瓜，晚上俩人已然划到了海宁崇福镇。

当时，杭州市航海俱乐部提供了一条皮划艇，八成新的双人艇，长七米多，重二十二公斤，徐水强还特意在艇身中段做了个密封舱，储藏照相机等随身装备以及一些干粮。"当年出发时正值8月，白天特别热，每天能划四五十公里，之后体能消耗越来越多，就划不了这么远了。"

当然，困难不仅仅在于体能的极大消耗，还在于水况非常复杂。徐水强说，当年的运河往北过了江苏北部，尤其在山东附近到了黄河河段，部分区域没法通航，另外江苏北部运河河段，地势较高，船闸很多，需要经常下水、抬船进闸，很费体力和时间，"到了镇江附近横渡长江，过了运河口'六圩口'就到了一个船闸，再往北，船闸就慢慢多起来，过了山东微山湖，航行的船只越来越少，基本上只是季节性航运。"另外，运河靠近黄河区域，比如黄河南岸的梁山县，以及黄河以北的聊城、德州、沧州这段，水草很多，因为不通航，水体很容易长满高高的水草。

在那些不通航的运河水域，有时水很浅，没办法继续划行，两人不得不抬船上岸，沿着运河岸边一路寻找适合划行的水域，抬不动了，就找当地人的马车拉一段路。当年的双人艇，水深半米基本可以划，一路上两人有水就划，没水就想办法上岸，抬着走一段。当然，黄河也有水势比较好的河段，徐水强和蒋卫民还顺水势漂流过一段路。"黄河水流湍急，经常会碰到旋涡，有时碰上，水流很急，一下就连船带人漂出好几公里，还好我们经过几年的训练，配合默契，没有翻船意外发生。"

除了断航、断水、激流，天气的不确定性也是一个潜在威胁。"在江苏北部骆马湖划行时，刚好碰到了强对流天气，不过那天运气不错，正好有货船路过，就赶紧跑到他们的船上去了。"另外，运河上划船最怕遇到大风。"那时我们也没有穿救生衣，而且使用的是竞速艇，速度是快的，但稳定性就差了。"

白天划船，晚上就在运河边的大树下、草地上露营。徐水强记得，"吃的大部分是馒头、大饼等干粮，那时尚且没有方便面这类东西，偶尔去河边的小餐馆，或者和路过的船民们一起吃顿饭改善一下伙食。江苏北部一带河虾七毛钱一斤，山东微山湖黑鱼一块钱一斤，偶尔也给自己加加餐。我们还带了几盒青春宝，算好剂量，每天吃一把，补充一下营养"。

而两人在出了江苏省之后，常常连干粮都接不上，时不时会到沿河村民家讨口吃的。"记得有一次，走了很多路到一个村里讨口饭填肚子，最后只要到了一点锅巴。当地村民做饭少，怕饭做多了会隔夜变质。"

让徐水强如今依然记忆犹新的，还有一个特别的细节：夏天天热，两人最迟划到晚上九点，如若太晚，就看不清楚水面了。晚上休息前，只能在河边洗澡，有时候正洗着，被运输船探照灯一照，屁股是白的，其他都是黑乎乎一片……

3

一路北上，徐水强印象颇深的，还有沿途的景色。比如，嘉兴、苏州沿河的建筑古色古香，村庄密集，而江苏北部的运河河堤很缓，长满了青草，有一种静谧的美。再比如，到了傍晚，一艘艘运输船停下来开始生火做饭，远远能看到一缕缕炊烟，还经常能看到岸边的牧童吹着牧笛放牛……

从杭州到北京，一共划了四十二天。徐水强说这些日子当中，两人倒也不全是埋头苦划，一周会休息一天。苏州停了一天，他们去了苏州园林；扬州停了一天，他们去了瘦西湖；到了济宁，上岸参观了孔庙。夏天，两人划到中午便开始午休，找个阴凉处躺下，到下午三四点之后再划。那时没电话，没手机，到大一点的城市，就寄一张明信片回家报个平安。到了北方，已然9月，"划船时身上都是水，等一凉下来，就很不舒服，吃药也不管用。没办法，只能扛"。

"有个北京朋友听说我们沿着运河划皮划艇，觉得很有意思。当时纪录片《话说长江》在国内引发了轰动，紧接着开始拍《话说运河》系列。这位北京朋友就去中央电视台找《话说运河》的编导，说杭州有两个年轻人，正沿着大运河划皮划艇前来北京。"

等央视摄制组赶到，徐水强和蒋卫民已经身在天津了。摄制组跟拍了一周,而外景主持人正是《话说长江》的主持人陈铎。他们从天津杨柳青一直跟到北京,拍到了徐水强和蒋卫民扛着皮划艇坐马车的镜头,而两人也因此沾了光,随摄制组住了几天旅馆。"当然,为了拍摄需要,有几天我们还是住在帐篷中。摄制组大清早过来,拍我们怎么从帐篷里爬出来,开启一天的行程。"

最终,运河之旅的画面出现在了《话说运河》第二十三集《与观众对话》里。徐水强说,在抵达北京之后,皮划艇留在了玉渊潭少体校,户外帐篷则送给了那位北京朋友。一路省吃俭用,手里还剩下点钱,两人就去了王府井的体育用品商店各自买了身运动服。两个小伙子终于面貌一新。

在完成大运河划行之旅回到杭州后,徐水强说自己的生活并没有因此改变太多,但那段记忆极为珍贵。"大运河对于我来说,意味着敢闯敢拼敢探索的精神。现在来看,当时的我们,也是水上探索的先行者。"

在他眼中,这几年运河的变化越来越大。尤其,在杭州这座城市,运河两岸除了水环境的逐年改善外,小河直街历史街区、运河大剧院等相继修缮建成,将文化氛围和历史底蕴充分凸显出来。"文旅环境、历史底蕴、运动氛围充分融合之后,对我们的创业有了更好的帮助。2015 年我们大概只有十个会员,如今已经达到三百个。家庭会员也越来越多,不光是小孩子来,而且带动家长一起参与进来。"

"带着皮划艇去旅行"是目前俱乐部的一大热门项目。徐水强带着我来到大屏幕前,展示这几年的旅行故事,从邻近的临安青山湖、千岛湖、楠溪江、朱家尖,说到了远方的新疆、海拉尔,以及马来西亚兰卡威、挪威峡湾、北极格陵兰岛……

"皮划艇作为一个'潮范儿'十足的项目,相信未来会成为大众休闲的一种日常方式。我也希望这个好玩、有趣的运动能够走进更多家庭。"

今年的京杭大运河皮划艇马拉松系列赛现场,徐水强以裁判身份全程参与其中,赛事举办当天,他特意发了一条朋友圈:三十八年前,我们曾经划过的京杭大运河,今天在这里举行皮划艇比赛,这是对运河文化的传承,更是给古老的大运河注入了新时代的气象。

亚运公园的花间雅事

郑国芬

【冬天走梅花广场,最早报春的红梅开得像一片霞云。夏天呢,就沿着湖边、河边的绿茵草地走。在这样的景色中快走,总能让他的心情也变得无比轻快起来。】

1

从花园岗街的公园南入口进去,穿过罗汉松园,就进了花溪坪。4月的清晨5点多,天还灰蒙蒙的,太阳还在睡着觉呢,老钱就已经在花溪坪的樱花树下走路了。

这几天，运河亚运公园的樱花开得正盛。白天很多年轻人，特别是年轻姑娘，打扮得花枝招展的，簇拥在雪白的樱花树下，各种拍照，叽叽喳喳，欢声笑语，简直要把那条游步道挤疯了。

而此刻，公园里，只老钱一个人，独享着樱花的盛放。

自从2021年底，家门口这座拱墅运河体育公园（又名运河亚运公园）开放以后，不外出旅行的日子，老钱每天一早，都要到公园里来走路锻炼。六十九岁的老钱喜欢早起，5点钟从家里出门，十分钟就到公园了。

他喜欢跟着四季在游步道走。春天走花溪坪，早春二月兰的紫气沿着河边铺天盖地。4月樱花的白仿佛一片雪的海洋。秋天走银杏广场，金黄的叶子把草坪铺成了一层厚厚的银杏毯子，特别迷人。冬天走梅花广场，最早报春的红梅开得像一片霞云。夏天呢，就沿着湖边、河边的绿茵草地走。在这样的景色中快走，总能让他的心情也变得无比轻快起来。

2

老钱叫钱选青，祥符街道花园岗村地道的村民。5月的一个上午，我跟着老钱走进了运河亚运公园。

从杭州汽车北站对面的月星家居，沿花园岗街往西走十分钟，穿过学院北路，便到了运河亚运公园。

一条花园岗街，把公园分隔成南北两区。南区像良渚大玉琮造型的，是体育馆；北区似江南油纸伞造型的，是体育场。这两个场馆，分别承办了杭州亚运会乒乓球和曲棍球比赛。整个公园面积七百零一亩，良渚玉文化和杭州伞文化中的传统元素，让公园有了不一样的风味。

走进南区，迎面一座罗汉松园。十八棵苍劲挺拔的罗汉松绿意盎然地迎接我们，此时正开着毛毛虫一样的花。

老钱指着一棵说："这是我种的。"

自南宋成为官办花木基地以来，花园岗一直以苗木闻名，尤以罗汉松最为知名，素来有"罗汉松王国"的美称。老钱从父亲这一辈就种罗汉松，老钱种的这棵罗汉松，早些年卖给了一位苗木老板。运河亚运公园建成后，这位老板又把这棵罗汉松捐赠给了公园的罗汉松园。事实上，这十八棵罗汉松都是当地花农所捐赠，据说一棵价值十几万到几十万，且树龄都近百年，是公园里的珍宝。

与罗汉松园隔着一条北庄河的对面，在一片绿意环绕中，一个金灿灿的大金球，仿佛一颗耀眼的明珠，在初夏的阳光下闪着迷人的光——不用说，这个就是"大玉琮"了。

这是杭州为迎接亚运会所建，可以容纳六千多人的体育场馆。杭州亚运会时，中国人最值得骄傲的乒乓球赛，就是在这个场馆里举行的。

远远看去，好精巧、大气。

良渚玉文化是中华五千年文明的文化象征之一，而玉琮更是良渚文化的精髓。把一个现代化的体育馆，与中国古老的玉文化串联起一股浑厚的中国风，不得不佩服设计者的匠心独运。

继续往里走，一条六百米长的"花令十二坊时尚街区"令人眼前一亮。简洁质朴的木质摊位陈设，手工店铺、鲜花店铺、小吃店铺……每到节假日，这里总是人头攒动，到了晚上，更是灯火通明。女孩们穿着汉服，拉上小姐妹，孩子们由大人带着，做手工，品尝传统小吃，总之玩得不想回家。据说，这里的相亲角非常受欢迎。

走过花令十二坊，前面出现一把巨大的"伞"——这不就是北区曾举办过杭州亚运会曲棍球比赛的体育场"杭州伞"吗？

原来是花令十二坊时尚街区巧妙地把南馆和北场连接了起来。

想起戴望舒那首《雨巷》——"撑着油纸伞，独自彷徨在悠长，悠长又寂寥的雨巷……""杭州油纸伞"已不仅仅是一把油纸伞，是杭州人心目中的浪漫情怀啊。

但此时的露天场馆里空寂无人，倒是在外面的巨伞下，很多年轻的父母和娃娃们聚在一起嬉笑着。轻盈优美的大伞，正好为这些游人遮挡了外头有点烈的阳光。

"大玉琮"和"杭州伞"是运河亚运公园的两大亮点，可以说是灵魂之作。但事实上，七百亩之大的公园里，还有一些你所不知的秘密要素，如果不仔细观察，还真发现不了。

下了北庄桥后，脚下是一条紫色的跑道，一直沿着北庄河蜿蜒向南，隐入花溪坪和白鹭岛。

这条跑道可不一般，它贯穿整个公园各个景点，全长三点六公里，分为十二段，每段颜色不同。它途经北庄河、国球中心、人行天桥、曲棍球场，穿越樱花林、育英路，形成环路。

它有一个特别美的名字："花令十二国风跑道"。十二种颜色寓意月月有花开——这是按照花园岗特有的传统花神文化演绎而命名，所以又名"花神跑道"。

3

要说花园岗村的花神文化，可谓历史悠久。花园岗村在南宋时是皇家花木基地，历来就是杭州的"花木之乡"。这里家家户户种植花木，自南宋以来，已有八百年历史。在花园岗村民的记忆里，花朝节那天，花神庙的花神祭祀活动是比过年还要隆重的节日庆典。

老钱的父亲，曾经主持过这样隆重的花神祭祀活动。

自从1943年，花园岗村的花神庙被日军一把火烧了之后，每年花神庙的祭祀活动也因时局动乱而被迫停止。1946年，抗战胜利后的第二年，农历二月十二这天，是百花的生日，也就是传统的花朝节。四方乡邻齐聚花神庙，连外地的花农也在前一天赶来。这一天要举行花皇菩萨出殿游行。

随着主祭人高唱"祭祀仪式开始"——点烛上香，跪拜花神后，三十六位身穿黑衣、黑裤，头戴黑帽，腰扎红带的火铳手对天鸣放一百零八响火铳，那声音，震耳欲聋。随后，主祭人高喊"花皇出殿啰"，十二名年轻轿夫抬起花皇轿子，出殿升轿，游行正式开始。从花神庙遗址（现在的月星家居广场）出发一路向南，几百名手持各色乐器的艺人琴瑟齐鸣，舞龙舞狮队锣鼓喧天，僧尼道士队庄严肃穆，跟随其后，队伍绵延数百米。

老钱回忆起父亲多次跟他说起过的那次花神庙祭祀活动，思绪激昂，神采飞扬，仿佛是在说着昨天的事。

世代以种植花木为生的花园岗村民，每年用这样的隆重祭祀，祈求花神菩萨保佑花木生长繁荣，花市生意兴旺。可惜的是，那次父亲主持的祭祀活动成了最后一次，之后，花园岗村再也没有这样举办过，而花神庙，以及庙里的花皇菩萨也随历史的尘烟而消失不见。

这是老钱心头很深的遗憾，我可以感觉得到。

没想到，一场新式的花朝节活动，弥补了老钱多年的遗憾。

2023年4月7日，在拱墅区运河亚运公园，举行了一场别开生面的花朝节。这场主题为"迎亚运，弄花朝，传宋韵"的花朝节活动，正是拱墅区借着2023年杭州亚运会的东风，为传承花园岗花朝文化历史遗产而隆重推出的。

来看看这次花朝节的盛况吧。

北庄河畔的白鹭岛上，一群身着汉服的年轻男女，头戴簪花礼帽，神情庄重肃穆，对着花皇神像行古礼、敬酒、献鲜花，祈祷花皇菩萨保佑国泰民安，人间太平。

在公园的游步道上，由一位年轻男子扮成花皇，骑着骏马，十二位身穿华服的年轻姑娘化身十二花神，在一声"花皇巡游啦"后，铜鼓敲响，开始声势浩大的巡游。身着华服的大人小孩浩浩荡荡地跟随在后面。她们身姿婀娜，衣袂翩翩，向现场观众游客们展示花朝之礼与中国传统文化之美。

河边的青草地上,"祝英台"和"梁山伯"扮相俊美,眼波流转,对唱着越剧《梁祝》。婉转悠扬的唱腔飘荡在春天的和风中,吸引游客驻足观看。

还有小花神簪花仪式、罗汉松主题诗朗诵、花卉运动荟、花朝音乐会、插花艺术展、现场花卉市集交易等活动,一一在公园各个角落展开,呈现一片欢乐、祥和、美好、富足的景象。

这场与春天之约的花朝节一直从 4 月 7 日持续到 16 日。

如果说花朝节是花园岗村人永远挥不去的一抹乡愁,在内心深处念想了许多年,这次时隔七十七年后在运河亚运公园的恢复举办,便是人心所向,众望所归。

"希望每年都能在这里举办,花朝节这个传统节日不能丢啊。"这是老钱心头的一个愿望。

4

第二次去运河亚运公园已是一个月后的 6 月了。我想一个人去走走。杭州已进入了梅雨天,一路上有些许闷热。但一到公园里,满目翠绿,微风轻拂着河面,整个人瞬间就轻透起来。

这样的感觉,便让人想到汪曾祺在《翠湖心影》里写的一句话:"从喧嚣扰攘的闹市和刻板枯燥的机关里,匆匆忙忙地走过来,一进了翠湖,即刻就会觉得浑身轻松下来。"

这是一个周六的上午,位于南区东南一角的花朝广场,在一片如茵的草坪周围,各种花卉开得蓬蓬勃勃。紫色的是马鞭草,红色的是美女樱,黄色的是金鸡菊……整个公园花卉品种据说多达一百种。一路走来，到处都有认识的、不认识的花草，在某个角落安静地开着，每每让我不由自主停下脚步俯身欣赏。

继续往里走，我看见草坪上、树荫底下，年轻人铺开地毯，结伴坐着聊天、喝饮料，他们惬意舒畅的表情分明在告诉你，在户外的大自然里，是如此的治愈。

北区体育场的"小芽儿"乐园里，才会走路的小伢儿们在大人的搀扶下，恣意地攀爬、玩沙坑，他们快乐开怀的表情分明在告诉你，这里是孩子的乐园。

篮球场里，一个年轻的身影跑着、跳着、拍球、投篮，他矫健的身姿分明在告诉你，一个人运动也很享受。

走在公园的游步道上，随时可以遇见跑步的人。那天，我遇见了一位跑步的中年人。他姓张，家就在对面的融信学院府，与公园只有一路之隔。张先生每天都来公园里跑步。有时是早上六点，有时七八点，像今天周六没有工作任务，九点半才开始。张先生自己做生意，时间比较自由。每次跑两圈，十公里左右。公园里空气好，环境清幽，更吸引他的是跑道空旷。张先生以前在学校操场跑，自从公园开放后，就转移到了这里。有时白天没时间，就改为晚上跑。这条有着独特韵味的花神跑道嵌入了夜光石，让张先生在夜晚跑步有了很大的安全感。

从南区到北区，一圈绕下来，花了大概两小时。但我知道，这也仅仅是走马观花，浅浅地欣赏。要把这个公园玩透，来这么一两次，走两个小时哪里够呢？

不过我分明已经能够感觉到，一个应亚运会而生的体育公园，最终又回到了民众中间。她没有高高在上，而是拥抱了所有的人。她也没有一味地追求现代和时尚，在高科技的引领下，她重拾传统，重现被历史遗忘了的古老的传统文化。

而这种文化的传承，恰恰是这个公园最吸引我的地方。

从北区出口出来，走到喧闹的十字路口，仿佛是从一个秘境走到了人间。抬头，看四周耸立的高楼，突然很羡慕住在这里的人们。

想起刚进门时，在贯穿公园南北的北庄河边，跑步的张先生跟我说，这条河一直通向运河，流到拱宸桥，"拱宸桥你知道的吧，京杭大运河最南端的地标呀！"

一条公园里的小河，它静静地流淌，一直流向运河，这是住在运河边人的自豪吧。

上塘河上,如梦不是"梦"

金夏辉

【长亭下,两盏明灯闪烁。晏殊一身紫衣,看向身着橙色衣裳的欧阳修。两人原有师生之情,一起豪饮美酒,漫吟诗词,后来却分道扬镳,徒留伤感。】

蔡同的身材有些魁梧,戴着眼镜。天气炎热,他身穿黑色短袖,手拿一把折扇,向我们走来。粗犷之中,又有一些雅气。

蔡同来自四川成都,学舞蹈出身。他目前是大型水上实景表演《如梦上塘》的一名演员，扮演北宋文人晏殊，之前也饰演过隋炀帝。

1

晏殊写过一曲《蝶恋花》："槛菊愁烟兰泣露，罗幕轻寒，燕子双飞去。明月不谙离恨苦，斜光到晓穿朱户。　昨夜西风凋碧树，独上高楼，望尽天涯路。欲寄彩笺兼尺素，山长水阔知何处？"

如今，这首词在蔡同的口中吟唱出来，回荡在上塘河的夜色里。以前是帝王，唯我独尊；现在是文人，意气风发，讲究"酒杯在手，天下我有"。

长亭下，两盏明灯闪烁。晏殊一身紫衣，看向身着橙色衣裳的欧阳修。两人原有师生之情，一起豪饮美酒，漫吟诗词，后来却分道扬镳，徒留伤感。

表演期间，伴随着响起的音乐，蔡同的身体也慢慢地，自动跟着音乐动起来了。"如果你没有感觉，演出来的动作就没有那种味道。"

蔡同的表演，是《如梦上塘》的一部分。《如梦上塘》是景区内的大型宋词文化主题水上实景演出，共六十分钟。观众坐在客船上，荡漾在水波中，欣赏五代至南宋时期李煜、柳永、晏殊、欧阳修、苏轼、李清照、岳飞、辛弃疾、陆游九大著名词人的"词"话人生，收获水上近距离互动体验。

过去的《如梦上塘》表演，借助秦代至今的八位历史人物，表现运河的千年史，其中隋朝的部分，便是借隋炀帝表现"运河春秋——运河号子"的主题。隋炀帝曾动用百万百姓，疏通前朝留下的河道。但他好大喜功，致使民怨沸腾，开凿运河也成了隋炀帝被推翻的一大原因。

如今的《如梦上塘》刚刚改版，围绕"宋词文化"主题，带领观众在《蝶恋花》《念奴娇》《如梦令》《满江红》等宋词中邂逅古人。晏殊是北宋的政治家和文学家，文采过人，政绩卓越。

面对蔡同的表演，观众不断拿出手机拍摄。看到精彩之处，其中外向的朋友有时候会说一句，"好！"

我也坐上一艘游船，远眺流水之上的表演。水上光线耀眼，蔡同沉浸在表演中。

演员面前的观众，自从上了船，也发生了某种微妙的变化。

船上的人们，似乎更加热衷于向面对面的陌生人打招呼。不论是岸上和船上的人们，还是两艘并排而行的船上的游客，都会在彼此距离较近的时候热情招手。缀满鲜花的船上，身着戏服的演员或翩翩起舞，或高吟诗歌，表演结束时面对游客的招手也会微笑回应。

失去了结实的土地，漂浮在浩荡的水上，游客仿佛对船外的人们格外亲切，对水上的表演也特别关注。

2

2021年4月底，蔡同和小伙伴们正式集合。那一年，上塘古运河景区刚从烟尘飞扬的施工场地，变为景色秀美的景区，与附近的皋亭村自然融为一体。刚刚进入景区工作的蔡同，第一次见到小伙伴，还有古老的上塘河。

上塘河相传最早由秦始皇开凿，也是大运河中最古老的一段。岁月变迁，上塘河已经存在两千多年。2021年，上塘古运河景区开始建设，主要依托于流经拱墅区的上塘河河段。景区入口处的讲解牌写道："上塘古运河景区，以上塘河历史文化底蕴为依托，以古诗词文化为支点，通过景观和夜秀的形式呈现和演绎江南运河的物质和非物质文化。"

负责表演的小伙伴，大多来自外地。一群来自天南地北的人，因为上塘河聚集起来。

2021年7月5日夜晚，夏日炎炎，河边的风有一些清凉，《如梦上塘》首次上演。扮演隋炀帝的蔡同，正式出现在水上舞台，为观众带来了表演。

有时候最后一场表演在十点半左右结束，一些人可能早早入睡，蔡同和他的小伙伴们才刚刚脱下戏服，最后在十一点多的夜色里离开上塘古运河景区。

蔡同住在五公里外的地方，每天都踩着月光回家。

目前，蔡同每天都有演出，一天四场起步。最多的时候，蔡同一天要演八场，当八回晏殊。下午两点多，蔡同早早来到了上塘河边上，虽然演出在傍晚才开始，但演员要提前过来化妆。男生需要贴上胡子、戴上头套……等夜幕慢慢笼罩上塘河，他们才真正开始表演。

今年4月份，宋词主题的《如梦上塘》开始排练，打算5月份正式亮相。排练的时间很紧张，也很辛苦。

杭州的4月，河边的花开得正盛。深夜的灯光一遍遍地照耀上塘河，演员们也一次次排练，表情生动，身形优雅。水上表演离不开灯光的配合，大家只能在夜晚进行排练。

凌晨六点多，晨光熹微，蔡同拖着疲惫的身子，结束了一晚上的排练。

经历数个这样的夜晚后，熬过了排练期的演员们，顿感轻松。

回望刚加入《如梦上塘》演出团队的第一年，蔡同是唯一还留在上塘河畔的老演员了。

3

河边的演员们，经常遇见附近的居民，大家也会闲聊几句。

一身戏服十分重，扮演隋炀帝的蔡同，时常满头大汗。

一个老爷爷走过来，"小伙子热不热？"

蔡同当然热，但是没办法，演员有他们的专业素养。

下雨天更加闷热，一些演员在露天里表演，衣服浑身湿透。蔡同大部分时间在水边的亭子里表演，比别人幸运一些。

还有人问他，"小伙子，你演的是什么角色啊？哪朝哪代的？"

《如梦上塘》改版后，周围的人也会留意到，"哎，小伙子，你们的演出是不是变了，怎么看着跟去年不一样了啊？"

诸如此类的问题很多，一场水上表演，成为附近居民生活中的新事物，或许也是他们在饭桌上不时谈论起来的话题。

上塘河边上有很多声音——行人说话的声音，跑者的喘气声，河边餐馆中一家人围桌举杯的欢呼声，还有大自然的声音……你甚至不必细细聆听，盛夏蚊子的声音，有时候会在耳朵中炸开，嗡嗡嗡……

最了解这些声音的，不一定是动物学家，反而是《如梦上塘》的演员。

不同点位会有不同的动物和声音，可能只有对应点位的演员清楚。蔡同说："跟我相伴的，就是红蜘蛛、绿蜘蛛，还有各种莫名其妙的飞虫。"

驱虫护肤的东西，也只能聊胜于无。"一个同事已经被咬得遍体鳞伤，一打眼还以为他得了传染病。"

熬过了夏天，冬天的蚊虫没有那么猖狂了。不过，更要命的冷风来了。特别是穿过水幕和水雾的冷风，深深印在了蔡同的记忆中。

水上表演很多时候会有水幕。高压水泵和特制水幕发生器，自下而上将水高速喷出。水雾化后形成扇形"银幕"，此刻再以专用放映机将录影带投射到水幕上，形成了水幕中如梦如幻的影像。

夏天的水幕，带来清凉的小水珠，惹人喜欢。但在冬天，河上水雾朦胧，水幕连成一片。载着演员们的船只，纷纷驶向不同的点位。此刻若是吹起小风，点点水滴碰上肌肤，当真是寒冷刺骨,"穿秋衣也不行"。

水上和演员为伴的"战友",还有船长。开船的师傅,大多是杭州人,操着一口地道的杭州方言。其中不少普通话不错的船长,也会跟演员们聊聊天,偶尔一起吐槽一下。我猜想冬天的冷风,他们一定哈着热气吐槽过。

时间久了,原本普通话不太好的师傅,也渐渐讲得流利起来了。"有一个船师傅,第一年来的时候,我听不懂他说话,现在第四年了,我稍微能听懂一些。我发现他普通话变好了。"

4

一场《如梦上塘》,其实最精彩的,不仅是演员,还有其他工作人员。

我坐的那艘游船,由朱兆富师傅驾驶。开船是他的日常,船是他最亲切的伙伴。

长亭中的蔡同正在表演,船上的朱师傅坐姿端正,时刻注意演出。一旦这个点位的演出结束,朱师傅就熟练操控金属方向盘,调整船只向前方的表演点位驶去。

激昂的音乐带动演员和游客们的情绪,但朱师傅始终一脸专注。为确保安全,开船期间不能闲聊和分心。

在船行时,听到游客,尤其是外国游客的尖叫声,是朱师傅最自豪的事情。即使听不懂外国人的语言,但朱师傅读得懂他们发出的惊叹声,竖起的大拇指。

坐在前排的游客觉得音乐声音太大,朱师傅拿出小巧的对讲机,"声音小一点"。不久后,音乐音量调小了一些,朱师傅看向游客,"这样声音可以吗?"游客没有再提出意见,继续沉浸在表演中。

在岸上的时候,朱师傅跟我们说起,以前的上塘河,到处都是漂浮的垃圾,后来人们采取一系列措施,也清理了河床淤泥,上塘河才渐渐清澈。朱师傅当时也是清理淤泥的工作人员,奋战在第一线。

提到运河的变化,不少船长的第一印象,都是运河水质的变化。在蔡同和船师傅的交流中,运河变干净,也是船师傅经常讲起的事情。

在由朱师傅驾驶的客船上,还有一个身穿黑色短袖的小伙子。他坐在最后一排,左手拿着小型麦克风,看向支架上的手机不停说话。

他叫王天赐,郑州人。王天赐目前是景区唯一的主播,平时也负责拍摄一些视频来宣传景区。

手机中是抖音直播的画面,"如梦上塘"官方账号目前有九千多个粉丝。为了带给网友更好的直播体验,也不影响船上游客的观赏体验,他很多时候会一个人站在甲板上直播,一手持支架,一手拿麦克风,随着表演点位的变化而调整位置。

蔡同的身影,自然也会出现在直播画面中。

王天赐对着网友不停说话:"您的疑问、您的见解都可以打在公屏上,主播这边看到后也会为您做出解答……"

看到提问,他会及时回答。"这个船为什么不靠近一点?其实已经很近了,我在甲板上。也可能是手机缩放的原因……几点开始?我们现在每天都是六点五十开始。"

他努力让自己有更好的"文化积累",对一些知识"倒背如流"。"别人愿意听,就是我的动力。"在他眼中,只有不断学习新的故事,游客才会觉得有意思,感到共鸣,走进上塘河景区。

看着自北方而来的王天赐,我又想起了故乡远在四川的蔡同,他说:"如果可以的话,我们其实也很愿意在这里干下去。杭州的文化氛围很好,风景也不错。"

5

《如梦上塘》的表演并不是封闭的,人们可以花钱坐在游船中,在水上看或慷慨激昂或温柔缠绵的表演,也可以在岸边的皋亭坝公园漫步,免费欣赏演员的精彩表演。

散步的人因演出而驻足。行人三五成群,站在上塘河边的亭子里,凭栏远望;原本一路飞驰的外卖小哥,偶尔也会停留,拿起手机拍摄……

我漫步河边,沿长亭行走。年事已高的夫妻一起坐在长椅上,爷爷刷手机,奶奶观望四方,手中摇着扇子。不远处的椅子上,还坐着一位老爷爷。他孤身一人,身旁摆着的录音机,传来婉转的唱腔。整个人轻靠长椅,怡然自得。

跑步的人也不少——小孩子不知道什么是疲惫,撒开脚丫子奔跑;青年人满身是汗,有节奏地呼吸;老年人速度虽慢,但步履轻盈。不少人的跑步装备十分专业,透气背心、运动短裤、专业跑鞋……沿着上塘河跑步,已经成为生活中的一个重要仪式。

许多人被耀眼的水幕吸引。水墨风格的"如梦上塘"几个大字,渐渐出现在空中的水幕上,随后又如龙蛇飞舞,俨然是自有一股豪情的书法作品。水中影像,配合激昂音乐,颇为壮观。岸上路过的中年人不知对谁喊了一声,"快来看!"他一边喊,一边连忙拿起手机记录这一刻。

蔡同还记得一个人——他在岸上花了半个月的时间,将《如梦上塘》表演看完了。这位游客每天晚上挑两个地方,在一个地方看完两遍表演后,沿着上塘河,来到下一个点位,再将下一场表演看两遍。

如此循环往复,从上塘河的欢喜永宁桥走到姚家坝河,历经数十天,这位游客将整场表演收于心中。

也许是因为演出的魅力,也许是因为免费的表演更精彩,但古代文人志士的故事,无疑一点点进入了大家的生活。

一条运河,一场《如梦上塘》,连接了许多人——当地的休闲老人,来杭州打拼的年轻人,被吸引而来的游客……在这场盛大的表演中,每个人都是主角。

夜晚坐在游船中,接近演出尾声的旁白如是描述《如梦上塘》中历史人物的人生:"用最真挚的感情,面对风波不停的命运……留下自己的痕迹。"

我在上塘河找到了"晏殊",也找到了一群主角——他们如同《如梦上塘》中的历史人物一样,在运河边上留下了自己的痕迹。人因水而生，后来才逐渐衍生出观赏表演的乐趣；一场《如梦上塘》表演，又让运河如此热闹和鲜活，持续演绎大运河文化的无限生机。

新的客船马上出发，蔡同的下一场表演也即将开始。

煮时行云流水，吃也一气呵成

许丽虹

【做素斋的师傅，要拥有对食物的敏锐觉察，用最简单的食材，发掘出使人宁静的力量。】

大运河，最南端是杭州，自公元610年贯通以来，至今仍发挥交通航运、水利行洪、旅游景观等功能，是杭州一条重要的"城之命脉"。

由大运河，派生出杭州一项特殊的盛事，即西湖香市。

在杭州长长的岁月中，每当春天来临，必有一个特殊群体跟着到来。沿湖环山几乎有路的地方，都是她们的身影——那是来自嘉兴、湖州、苏州、无锡、常州、山东等地乡间的蚕娘。她们统一穿着靛蓝土布衣裳，包着各色头巾，背着黄色香袋，带着粽子、炒米粉等干粮，一村村一乡乡几十人上百人结队而行，"烧了三年杭州香，来世投个好爷娘"。

苏杭各地都有"香会"组织，由长者领队带路，坐船顺着运河一路南下。香市最盛时，杭城各码头可停泊上千只香船，河道为之堵塞无隙。

过拱宸桥，登古埠，香积寺的牌坊静静地等待着远道而来的客人，这是上岸的第一站。对于蚕娘们来说，是"杭州"到了的标志。

1

香积寺，始建于北宋，原名兴福寺，宋真宗读《维摩诘经》后，取意"上方界分……有国名众香，佛号香积……其界一切皆以香作楼阁，经行香地，苑园皆香。其食香气周流十方无量世界"，赐名"香积寺"。

香积寺是运河沿岸最特殊的一座寺庙。不，不仅运河，它还是全国唯一。因为香积寺供奉的是"监斋菩萨"紧那罗。

佛经里，紧那罗王菩萨监督寺庙斋供，有"未供先尝三铁棒，私造饮食九铜锤"的戒律。而在杭州民间，有祭拜灶王爷的风俗，两者一结合，在市民们口中就变成了"灶头菩萨"。

既然香积寺供奉的是"灶头菩萨",那素斋也自然成其一大特色。

香客们上岸,踏进香积寺后,必在这里奉上一炷头香。然后,直奔素斋而去。她们在斋堂里争先恐后抢座位,或在冷冷的春雨中排队等候,哪怕只吃上一碗阳春素面,也像是了却了一个梦寐以求的夙愿。

在香积寺吃素斋的,不仅仅是蚕娘们,还有由大运河派生出来的运丁、水手、纤夫、脚夫、浅夫、泉夫、行商等等。清代,大运河漕运行业能够养活百万人口。

运丁指搬运漕粮的人,是士兵的一种。运丁之外额外招募的劳力,称为"漕运水手"。脚夫,就是卸货工。脚夫一般白天聚集在码头、桥洞附近等待雇佣,晚上各自回家。运河的部分河段由于泥沙淤积等原因导致河道变浅,必须疏浚,这些疏浚沟渠之人被称为"浅夫"。而行商自然是在运河上依靠运河之便跑商的商人,沿大运河往来的有一大批贩盐、贩茶及贩卖丝织品的巨贾。

这些人中,有些儒商爱好素斋,请客也常以素斋为特色。运丁们三三两两聚会时,也不时会吃顿素斋,毕竟,香积寺素斋又方便又显得与众不同。其他的漕工一般来说生活比较艰辛,只能一时兴起来打个牙祭,吃碗素面。

当然,香积寺素斋还有一群常年的顾客,那便是杭城市民和游客。香积寺供奉的是"灶头菩萨",又处于城区闹市,此两点均不同于其他寺庙。

说到素斋在杭城市民和游客中的普及程度，要归因于杭州丰厚的素斋底蕴。吴越国被称为"东南佛国"，佛教寺院至今有据可查的不下二百所，这为素斋的普及奠定了基础。两宋时，士大夫们的兴趣将素斋由寺庙进一步推广到社会。如北宋苏轼写的"蓼茸蒿笋试春盘，人间有味是清欢"，成为素食者们朗朗上口的名句。南宋林洪在《山家清供》中记载了一道素菜"东坡豆腐"，制作方法是：锅中烧葱油，把豆腐切成片下锅煎至两面金黄，再用香榧和黄豆酱混合调成的酱汁收汁。多么富有杭州特色。陆游很喜欢素食，很多时候，他将心情寄予素食。"日日思归饱蕨薇，春来荠美忽忘归"，这是喜气的。"空怅望，鲙美菰香，秋风又起"，这是孤寂的。"松桂软炊玉粒饭，醯酱自调银色茄"，这是自足的。"霜余蔬甲淡中甜，春近灵苗嫩不蔹。采掇归来便堪煮，半铢盐酪不须添"，他感叹做素菜不要花里胡哨，新鲜原味就足够。

明清时，高濂的《遵生八笺》、李渔的《闲情偶寄》和袁枚的《随园食单》，都有关于素食选材、配料与烹饪方面的介绍。袁枚说："菜有荤素，犹衣有表里也。富贵之人嗜素，甚于嗜荤。"杭州的功德林、素春斋等，都是享誉全国的素餐馆子。除了素食馆之外，还有很多素面馆，专卖清汤挂面、菜花蘑菇沃面、咸菜冬笋面等。

当然，杭州的寺庙素斋得天独厚。"天竺三寺"、灵隐寺、净慈寺、虎跑寺等，都以素斋闻名遐迩。在清同治、光绪年间，烟霞寺在僧人学信的主持下，一时成为文人墨客雅集的地方。

当时的名流如陈豪、俞樾等都乐于与他相交。烟霞洞的素餐名盛一时。《清稗类钞》记载："寺庙庵观素馔之著称于时者，京师为法源寺，镇江为定慧寺，上海为白云观，杭州为烟霞洞。"并称烟霞洞的席价"最上者需银币五十圆"。1933 年，英国作家萧伯纳来上海访问，宋庆龄、蔡元培等人在上海有名的素食馆功德林请他吃饭，也只用了四十六块银圆。如今你去烟霞洞，还能见到青白色石壁上的刻字，颜色虽已脱落，但仔细辨认，仍能看出这些石刻大多是记录在此游玩或用餐的内容，落款时间大多在民国。站在这么多的摩崖石刻之间，很难不让自己去想象当年这里的盛况。

据说，新中国成立之初，上海功德林最早的厨师是杭州招贤寺的老师傅去做的。灵隐寺的斋堂，改革开放重建时，是杭州功德林和豆制品厂的老师傅为基本班底开办的。香积寺呢，元朝末年毁于战乱，明代洪武四年（1371）重建，清康熙五十二年（1713）在香积寺又建东西两座佛塔，1968 年东面佛塔被毁，仅存西塔。2009 年香积寺重建。重建的香积寺以独特的建筑风格和新颖的造像，展现了古典艺术与现代艺术的融合之美。

那么香积寺素斋有无恢复呢？不但恢复了，2016 年 2 月，香积素食文化还入选为杭州市非物质文化遗产。

现在来香积寺吃素斋的人群中，一年一度沿运河而来的蚕娘少了，坐高铁来的游客多了。交通方式的改变，使这座因运河而名扬四方的寺庙吸引了更多的外地游客。试想，来到杭州，此地有全国唯一一个供奉"灶头菩萨"的寺庙,哪里按得住要吃素斋的想法。另一个改变呢,是本地市民来光顾的多了。这些年大家对养生关注度提高,素食成为很多人倡导的生活方式之一。明代陈继儒《读书镜》中说:"醉醴饱鲜,昏人神志。若蔬食菜羹,则肠胃清虚,无滓无秽,是可以养神也。"香积寺的素食在杭州市民中的影响力还是很大的。

据香积寺内圣悯师傅介绍,佛教十斋日,需上香礼佛、斋戒茹素、忏悔净心。其中初一、十五来往香客最多,来时吃一碗素面,走时带些"福饼""素烧鹅"等,很是热闹。

2

现在香积寺的主厨王金良师傅,是杭帮菜素食的传承人。他说,杭州做素斋的条件好,时鲜蔬菜多,菌菇多,食材品类齐全,信佛的人又多。王师傅曾在灵隐寺、净慈寺打理素食,让他记忆最深的一件事,是一个九十多岁的老太太。她自小在杭州长大,后来去了外地,等晚年再回到杭州的时候已是物是人非。她吃了净慈寺的素斋,激动地握着王师傅的手,说只有这个还是小时候的味道。

王师傅说,做素斋也没啥特别的诀窍,重要的是心境带来的灵感。在寺庙里待着的人,一般心比较静。厨房边上有桂花,吹到锅里,心里有了触动,就开发出了"桂花鲜栗羹"。冬菇、冬笋,加上雪白的大白菜是"二冬白雪",加上粉丝,是"丝雨孤云"。

前几年，香积寺的一款素斋声名鹊起，这跟一种日本乐器的风靡有关。此乐器名叫"尺八"。由竹子根部制成，因为长一尺八寸，因而得名"尺八"。《火影忍者》动画版的音乐，就是用尺八来演奏的。王师傅笑道：其实尺八是从黄龙洞一个寺庙里传到日本去的。杭州黄龙洞至今还有一个景点，名曰"杭州护国仁王禅寺遗址"。据考证，尺八起源于东汉，盛于唐宋，唐时由中国传入日本，不久在日本失传。南宋时，日本名僧心地觉心专程到杭州护国仁王寺拜高僧无门慧开习禅，并学会尺八技艺。回国后创建兴国寺，传授尺八。那么，一个乐器与素斋有何关系呢？王师傅说，杭州笋多，春笋上市，吃不完，腌一下，截一段下来就是"尺八酸笋"。

在素斋中，除了豆腐，冬瓜也是十项全能。一个大冬瓜能做出无数素斋，如红烧冬瓜、清炒冬瓜、回锅冬瓜、萝卜冬瓜饼、红豆冬瓜粥、酿冬瓜、蒸冬瓜、冬瓜饺子等等。但王师傅制作的一道"宝塔扣肉"，着实让我们惊艳。这刀工，简直让人不忍下箸。

王师傅还有道颜值很高的素斋叫"橙酿蟹黄"。桂花羹里加入剁碎的胡萝卜和土豆泥，辅以米醋和姜调味，蒸好再放入挖空的橙子里，味道吃起来真是像极了螃蟹。陆游当年在《雨中小酌》道："自摘金橙捣鲙齑。"做法是将鲈鱼切细烹熟，盛入橙子中装盘。后来的苏州名菜蟹酿橙即源于此。看来，古往今来，大家的想法都是相通的。

现在嘛，食材和手法更多了。如用笋和羊肚菌搭配，可做出"孟宗哭竹";用香菇和菜心用心摆盘,点缀干冰,就成了"双峰插云"。总之,做素斋的一个要诀是要将菜与佛法、传统故事或当地特色融会贯通。

针对香积寺,因为有上千年的西湖香市风俗,王师傅特别开发了一道素食点心,叫"蚕宝宝"。用糯米粉做皮,里面包菌菇,外裹椰丝,小心在表皮切出几小道,一蒸就像极了绵白微胖的"蚕宝宝"了。

素斋原料一般都不贵,但贵在心思与功夫。素斋不能用大蒜、洋葱、大葱、香葱、韭菜这些气味浓烈的食材,因为过于强烈的能量会妨碍僧人保持平和的心境。做素斋的师傅,要拥有对食物的敏锐觉察,用最简单的食材,发掘出使人宁静的力量。

素斋中的高汤,以香菇、海带、黄豆芽、卷心菜、白萝卜、玉米为原料来熬制,那个鲜是食材天然的鲜,吃到肚子里很舒服。素斋用的油,讲究一点的叫"蕈油",是用蕈子炼的油。蕈子是一种野生菌,桃花开放的季节长出来的叫"桃花蕈",秋天大雁南来的时节长出来的叫"雁来蕈"。宜兴特产雁来蕈就因为苏东坡爱吃而闻名。同一个菜,看你怎么个做法。比如素烧鹅,考究的做起来工序很多。素烧鹅以前叫作熏鹅。锅里放红糖,炸好的素鹅放在铁架上,置于红糖上慢慢熏,火温很重要,滋味是一点点熏进去的。

四时蔬果,必须随着时令常换常新,这个很重要。一些食材要先泡发,如"三菇""六耳""猴头"之类,须得提前几天就准备起来。一些要腌制的菜,得算准时间按部就班操作。更有一些酱油、醋之类,甚至要提前几年即着手。所以素食烹饪实际上比肉食烹饪要复杂得多。好的素斋做出来,比一桌荤菜所费都大。

王师傅说,光顾香积寺素斋的人群中,如今很大一个变化是年轻人多起来了。原因可能出于以下几点:一个是健康问题。因不良的生活习惯,很多年轻人患上高血压、高血脂、高血糖、高胆固醇等毛病,素食有助于身体状况的改善。一个是时尚。素食,返璞归真,呼应的是回归自然和保护地球生态环境的文化理念。这使得素食越来越成为一个全球时尚的标签。再一个是换口味。吃腻了大鱼大肉、生猛海鲜之后,吃个素食,有焕然一新的体会。

近年来,香积寺每年要在小年夜举办"送灶王"活动。因香积寺供奉的是"灶头菩萨",而杭州有在小年夜"祭灶"的民俗,两者一结合,便融合出了这项有意思的活动。届时,杭州十大寺院和杭城知名饭店都会各自献上一道代表自己特色的素食,以祈来年风调雨顺,物产丰美,平平安安。

看来,香积寺素斋因大运河而闻名,如今又聚了新的人气。大运河第一香,还将一直"香"下去。

老巷,"酱"人,杭州味道

宛小诺

【眼前这一罐罐喷香的豆瓣酱、一瓶瓶鲜亮的酱油和半货架琳琅满目的酱货,都是时间的累积所赐予的味觉盛宴。】

河边古酱园

我到小河直街拜访郑庆师傅那天,已经进入初伏,火辣辣的阳光把街道的青石板晒得发白,滚烫的空气都似蒸腾了一般。但这热辣的三伏天,是郑师傅每年最忙的时间段之一,因为对于6月黄梅天制作的酱料,正是接受阳光自然暴晒的最好时间。

老巷，"酱"人，杭州味道

郑庆是杭州方增昌酱园的主理人，也是非物质文化遗产项目方增昌酱园古法酿制技艺的传承人。他的一个工作室，就藏在小河直街弯弯绕绕的巷子深处。

小河是大运河的一条水汊，它与大运河、余杭塘河三河交汇处，明清时期是水路商业中转之所，南来北往船只络绎不绝，各种商品在此交易，临水的民居、商铺、工场、作坊、市集等逐渐形成。郑师傅介绍说："我们现在所在的这一片巷弄，过去就是酱油弄、酱油档，聚集着很多酱园子和制酱人。"

河边有码头，各酱园制作的酱油、酱货可以通过便利的水路运送到天南地北。码头多工人，他们干体力活，流汗多，吃得咸，于是酱园里的酱货便成了他们最好的下饭菜。在那许多酱园子中，成立于1860年的方增昌酱园就是当时规模较大的一所官酱园。

郑庆与方增昌酱园的结缘源自2017年的某天，他到小河直街朋友开的饭馆吃饭，正巧路过方增昌酱园所在的老院子。彼时酱园凋敝，唯独斑驳的白墙壁上一个古朴硕大的"酱"字，依稀显露着百年酱园的往日繁华。这幢空置的酱园引起了郑庆的注意，这一个"酱"字更是勾起了他作为土生土长的杭州人的"酱"情怀。

"我是茅家埠人，我父亲后来安家在拱宸桥，我对杭州、对大运河有很深厚的感情。"所以当他看到当时空空荡荡、门可罗雀的老酱园时，心里就产生了一个想法、一个愿望，盘下酱园，重新发掘古法制酱技艺，重现过去古法制酱的场景，让醇厚绵长的酱香再次回到小河直街。

酱法自然

郑庆算是个"老餐饮"了。他十七岁进黄龙饭店西餐部工作，打那时起，就日日与各种酱料打交道。"西餐的调料很多，像 Tabasco 辣酱、Mustard 芥末、千岛酱、油醋酱，光是沙拉里面的酱汁，就有许多种。西餐里的理念，值得我们学习，而我们的很多酱料，老外也很喜欢，所以说烹饪其实是相通的。"

多年的餐饮经验赋予他对美食与口味的独特理解，五味调和，道法自然。2017 年盘下酱园的头半年，郑庆在浙江、江西、安徽跑了十几个古镇二十多个酱园，搜罗各地的酱料、古法酱谱和制酱技艺。"每到一个地方，我首先要去菜市场了解当地的食材，然后去吃当地最有特色的面，最后去品尝各种蘸酱、酱货。"

从各地搜集到的古酱方、古酱谱，需要经过改良和调整，才能符合现在的杭州市民的口味习惯。他对味道的把握，有与生俱来的敏感；酸、甜、咸、鲜，在他的手中能调和得恰到好处。郑庆师傅称之为"老天爷赏饭吃"。

酱园的老院子为三开间楼屋，门面朝东，面对小河。内里开敞，过去都是做酱油、酱菜的作坊。郑庆保留了老院子原有的古朴，被岁月刻下斑驳痕迹的木柱屋梁，绿色青苔点缀的四方天井，都带着昔日运河生活、枕水人家的底色。

"小河在过去主要是就地取材搭建屋棚，很市井，很有烟火气,所以酱园不需要华丽的装饰,但要再现当年制酱的劳动场景,要体现出小河码头上人来人往、酱园里人进进出出的那种属于江南水乡的十分独特的生活画面。"在酱园中堂的木制货架上,包装古朴的自制酱品整齐地排列着,而院中则摆放着制作酱油的大缸,过往的游客没有不被这古老技艺所吸引的,忍不住也要试着翻动一下大缸里的酱料。

2018年1月,"官酱园豆瓣酱酿制技艺(方增昌酱园古法制酱技艺)"被认定为拱墅区非物质文化遗产,"增昌酱园"品牌随之创立。老酱园焕然一新,成为小河直街的一道风景。

时间的味道

豆瓣酱是酱园的基础。"如果不能把豆瓣酱做到极致,那其他的就不用想了。"郑庆师傅拿起架子上的一瓶豆瓣酱,一边笑着说道,一边打开瓶盖递给我。

我拿过瓶子,一股浓郁的发酵香味扑鼻而来,豆香、酱香和微妙的酯香交织融合,格外诱人。

方增昌酱园古法制酱,讲究的是遵循自然规律,利用四时节令的自然变化进行发酵。每年的黄梅天是下料的日子。挑选颗粒饱满的优质黄豆,浸水、蒸熟、晾凉后,拌入小麦粉,使麦粉均匀地粘在熟黄豆表面,盖上纱布置于避光通风处进行发酵。豆子发酵会散发热量,因此要时刻关注发酵豆堆的温度,如果温度高了,需及时散热降温。

七天后,完成发酵的豆子表面长满黄绿色的菌丝。将霉好的豆子放到太阳底下暴晒至干燥，用手搓开，筛掉霉粉。然后加入食盐和清水搅拌均匀，装入室外露天的大酱缸中，进行日翻、晴晒、夜露的过程，这是整个制作过程中最关键的一环，并且全由人工完成。

古法制酱的最佳发酵温度是五十摄氏度，因此三伏天是晒酱的最佳时期。白天，需要人工定时地翻酱捣酱，让缸中的豆瓣酱都能得到充分暴晒，发酵更加彻底。晚上，则要让豆瓣酱吸收天地间的露气，使芳香物质积聚，香味更加浓郁。

做酱油，则要在阳光下晒得更久，起码要晒一百八十天以上。太阳光的能量促使酱浆成熟，经多种微生物及酶的作用慢慢发酵，豆类中的蛋白质逐渐分解成氨基酸、多肽等可溶性含氮物，颜色酱化成厚重的深棕，散发出特有的醇厚香气。当年酱油弄家家制酱的时候，整个小河码头都弥漫着浓郁不散的酱香。

"曲房里很闷热，太阳底下翻酱更是炙烤，而且都是很重的体力活，所以制酱是个很辛苦的行当。对于制酱人来说，也是'力尽不知热，但惜夏日长'。"

虽然辛苦，但时间会赐予大自然的绝妙味道。古法制作的酱油，色泽红亮，醇厚鲜香，酱香浓郁，是时间与自然的艺术。郑师傅说得最多的词是"酱法自然""酱容万物"。容是包容的容，也是融合的融。在他的理念里，凡是与自然发酵、与时间作用有关的，都可以称为"酱"，除了酱油、酱料、酱货，酒、醋、腐乳、茶叶，等等，也都可以包括在内。

万物皆可酱

郑庆师傅做酱油的大酱缸现在摆在他海宁的基地里——小河空间有限,摆不下。几十个巨大的陶制酱缸整齐地排列在海宁基地的晒场上,颇为壮观。

但小河也有小河的风景,那就是每年冬天在河边一行行排开的酱鸭。

说起酱鸭,那可是杭州人过年不可或缺的仪式。有酱鸭,才有年味,这是老杭州的讲究。

杭州的冬天,是从家家户户开始做酱鸭开始的。每年12月,当气温降到十摄氏度以下后,郑师傅就要着手制作酱鸭了。

首先是作为原材料的鸭子,选材很关键。余杭黄湖镇是传统养鸭基地,鸭子生态放养,鸭肉紧实,品质优异。更重要的一点是,不能用嫩鸭,必须选一年两个月以上的老鸭。

调料的秘方,是郑师傅调研了各地民间的配方,经过自己反复调整而研制出的。老鸭清洗干净晾干后浸入秘制的酱料中,压实浸泡二十四个小时。

接着是晾晒。晾晒最讲究阳光,一定要有强烈且充足的光照。太阳光合成香味与鲜味,而风则将肉质吹得紧实,夜间的潮气让味道沁入肉中。在纯自然作用下,酱鸭的鲜香呈现得淋漓尽致。晒过七日后,鸭子表面颜色变深,透出温润的油光,香气扑鼻,令人垂涎欲滴。

这样做出来的酱鸭,不管是蒸,还是炖,只用最简单的烹饪方式,就很鲜美。

"每年做酱鸭的时候,一只只肉质紧实、油光瓦亮的酱鸭一排排地挂在河边,十分震撼,来拍照的人特别多。"说起他拿手的酱鸭,郑师傅脸上难掩自豪,"酱鸭晒好后,我们就挂在院子里屋檐下通风的地方,那就是老底子的杭州烟火味。"

"不光是酱鸭,还可以做酱香肠、酱猪耳朵、酱猪尾巴、酱黄鱼、酱带鱼、酱瓜……虽然做不同的酱货,配方和调料不一样,但原理却是一样的,触类旁通,举一反三,所以我经常说'万物皆可酱'。"

生活的五味调和

听郑师傅介绍时,他接到好几个电话,询问酱鸭是否还有货,酱肉是否还有货。郑庆师傅道:"都是老客户,吃完了就会打电话让我再寄。"现在增昌酱园每年大概销售一万多只酱鸭、一万多条酱肉,还有五六千条酱肋排,以及酱香肠、酱带鱼、酱黄鱼等。因为纯手工制作无法量化,所以做一年卖一年,也没开网店。

忠实的老客户,源自郑庆师傅对产品品质的严格把控。他说起某次做酱肉,因为新鲜的五花肉用完了,一个新来的员工就用了冰冻过的五花肉。郑师傅发现后,立刻把这一批酱肉全部下架。"冰冻过的肉胶原蛋白会凝固,做出来的酱肉口感就会有些微差别。我必须保证我们增昌酱园出品的品质和口碑。真材实料才能做出好味道。"

"对品质的追求,归根结底,大概是因为我热爱生活。吃货都是热爱生活的。"郑庆师傅微笑着自我总结。

酱作为中国的传统调味品，承载了千年的饮食智慧，也是美食文化的象征。在各个古镇找寻古酱园、古法制酱技艺的过程中，郑庆认识了许多坚持古法工艺的制酱人。酱人也是匠人，他们有情怀，以及包容、融合的气度。"你要接受你一开始无法理解的东西，因为万物都是动态的，一旦实践起来，或许就会发生裂变，从而产生新的美味佳肴。"将过去的西餐经验融汇到中餐中，结合当下的口味，对古法进行改良——郑庆师傅将增昌酱园的理念归纳为"坚守传统，勇于创新"。

他希望增昌酱园传递的是一种生活方式、生活美学，比如五味调和，比如酱法自然，比如酱容万物，这些也都是生活的哲理和智慧。食物和生活是相通的。

"好的东西，时间会检验。我永远相信这个道理。"他说。

时间的力量——正如眼前这一罐罐喷香的豆瓣酱、一瓶瓶鲜亮的酱油和半货架琳琅满目的酱货，都是时间的累积所赐予的味觉盛宴。我不禁开始期待半个月后，新一批豆瓣酱的出缸；也开始期待冬天来临的时候，再到小河来看看沿着河岸晒酱鸭的江南烟火，闻一闻小河上飘荡不散的百年酱香。

一笼人间碳水

孙昌建

【烧麦里的笋和肉,就是一对欢喜冤家,苏东坡说过这个意思,无竹使人俗,无肉使人瘦,又要不俗不瘦且满足口腹之欲,怎么办呢,只能让肉爱上笋,也让笋爱上肉。】

1

杭州新市街,三年多前开出了一家名叫"宝一隆"的烧麦馄饨店。老板黄健说,"一隆",杭州话里就是一笼的谐音,"我们开店,要诚信用料,用心做事,做到包一笼烧麦,就卖一笼烧麦"，于是就取名"宝一隆"。

生意要一笼一笼地做，这意思甚好，而且"宝一隆"听上去也特别上口、喜气。

杭州新市街，实际上是一条老街，更是一个老社区，它有一个不太为人知的名字——老房地社区。而它的另一个名字则大家都是知道的，那就是朝晖小区，具体对应的是朝晖二区、四区和六区。宝一隆开在朝晖四区的周边，来吃的大多是社区的居民。

朝晖小区应该是杭州最老的小区之一了，跟它可以相提并论的，那就是翠苑小区。这些小区大约都是20世纪80年代初建起来的，当时那周围还是以农田为主。而当初的老住户，如果入住时是三四十岁，那四十年过去之后，现在就都是七八十岁的老人家了，有的年岁可能要更大，所以它是一个颇为典型的老年社区。

这可能就是新市街烟火气甚浓的原因所在，因为这里住的基本是杭州的本地居民。不过新市街出名的另一个原因，是这里的夜宵很有名气，特别是这里的小龙虾，那是年轻人和喝啤酒一族所喜欢的。

然而生活既不可能天天小龙虾，更不可能顿顿大龙虾，所以普通老百姓更喜欢说，开门七件事，柴米油盐酱醋茶，那才是生活的日常。

为什么要开这样一家店呢？黄健向我说起了他开宝一隆的来历。

2

黄健高中毕业后先是从事饭店的服务工作，后来在广告公司做销售，再是从事汽车的销售，换过的行当也有不少，但都是打工性质的，包括也短暂地接触过小餐饮店的业务。妻子也一直是自己做小生意的，卖过服装、开过奶茶店。前几年受疫情的影响，夫妻俩也一直在想着出路问题，因为无论大到汽车销售，小到一杯奶茶，其实都是受着大形势的影响的。蝴蝶的翅膀一扇，虽然不一定刮起大风大浪，但是让人摇摇晃晃还是有的。而从另一个层面讲，生活总要继续的，一日三餐总要吃的，所以黄健夫妇也是在人到中年之后，才想到了一个根本问题：民以食为天！

不，不是说想到，而是想做，想做这一行。可是做这一行需要本钱呀。

本钱分两种，一种是资金，或者往大处说叫投资；一种是资本，包括了技术资本。

开一家烧麦馄饨店，黄健有资本吗？

黄健的父亲是嘉兴人，母亲是杭州人。黄健说小时候对嘉兴的美食还是有着美好印象的，特别是馄饨、烧麦、粽子一类的，虽然这些后来都成为最为大众的食物，可是小时候的味道还是很难忘呀。

嘉兴历来是养猪大市，那里的猪肉质优味美，这也是嘉兴粽子名扬四海的基础。黄健的爷爷是平湖人，那时他给孙子准备的早餐中就有烧麦和小馄饨，那是黄健童年时至美至佳的记忆。美食的基因都是小时候打下的,这也就是所谓乡愁的缘起。所以从某种程度上说,小时候的味道,是长大后永远也回不去、永远也抵达不了的彼岸,虽然大家都在向往并追求小时候的味道。

为了开烧麦店,十五年前黄健就辞职回到嘉兴拜师学艺,因为他觉得想要做老板,先要做学徒,仅当一名吃客而指手画脚发号施令,不是自己的风格,而且自己也没有这个本钱。所以黄健回嘉兴的第一件事,就是去找自己心心念念的那家小店,那家自己小时候吃过的烧麦店。

好在那家店还在,也仿佛是在等一个游子的归来。师傅耐心地教,黄健虚心地学,做烧麦包括做馄饨,不是练咏春拳,不是给人看的,而是要做给人吃的,不过两者的道理是一样的,那就是都得认真地练。而且做烧麦是一个细活,半年的学习时间,黄健把每一个环节都学得娴熟为止,调馅、做皮、包烧卖全都学了一遍,每天在店里当学徒,雷打不动地包上千个烧卖。一直练呀练,有时梦中也在包烧麦,醒来想想自己都要笑出声来,仿佛做烧卖成了一种肌肉记忆,成了一种本能的反应,而他的手艺也终于被师傅点头认可了。

只是阴差阳错,学成归来的黄健,没有马上开烧麦店,接下去从事的工作,还是属于"专业"不对口,不过他对烧麦的那种热情,一直没有消退,他也一直在悄悄地做着准备,特别是杭城哪里开出了好吃的烧麦店,他肯定会去尝一尝,并且估摸着自己能不能做,怎么样才能做好。

烧麦,是一种颇有传统的面食,照我本人的理解,那肯定来自北方，小时候在杭州，记忆中几乎是不吃烧麦的，在杭州普及的有馄饨、饺子、肉包子和小笼馒头等。也是这二十来年，烧麦在杭州渐渐多了起来，而小笼似乎少了下去，虽然杭州小笼包在杭州以外，依然名声很响。

现在从百度上一查，全国各地的名烧麦那可是琳琅满目，如河南有切馅烧卖，山西有百花烧卖，河北有大葱猪肉烧卖，安徽有鸭油烧卖，杭州有牛肉烧卖，江西有蛋肉烧卖，山东临清有羊肉烧卖，苏州有三鲜烧卖，湖南长沙有菊花烧卖，广州有干蒸烧卖、鲜虾烧卖、蟹肉烧卖、猪肝烧卖、牛肉烧卖和排骨烧卖等等，都各具地方特色。但仅以我十分有限的经验，对烧麦只有一点印象，那就是北方的烧麦里面常常裹的全是糯米，而我们的烧麦里面还裹着笋尖和肉，特别是那个笋尖，是杭州烧麦的标配，是最让人难忘的，正如北方饺子里的韭菜和大葱。

老话说，机会是给有准备的人的，为这句话，黄健至少准备了十年。

黄健说，烧麦的馅不像面条的浇头那么丰富，虽然也不是说不可以，但是做好基本的，才是最根本的。

那什么是根本呢，那就是原料，原料的优质和新鲜，应该是成功一多半了。

第一是肉。宝一隆选用的是嘉兴猪肉中的腿肉，那自然是最好的肉了，价格虽然是贵了一点点，但是你摊在每个烧麦上，其实也没相差多少。

笋是安徽桃花山的笋，这是货比三家之后的选择。

烧麦里的笋和肉，就是一对欢喜冤家，苏东坡说过这个意思，无竹使人俗，无肉使人瘦，又要不俗不瘦且满足口腹之欲，怎么办呢，只能让肉爱上笋，也让笋爱上肉。这一点我不敢说全国人民都知道，但是杭州人是早就知道的，笋干老鸭煲就是著名案例，其他诸如霉干菜焐肉一类的，都是这个道理。笋的亭亭玉立，肉的肥精恰当，用杭州话来讲，就是要条干有条干，要肉感有肉感，所以杭州人常常会把性感开玩笑说成是"笋干"。而且杭州的烧麦，正如杭州的小笼包子，咬一口会吃到鲜鲜的汤汁，黄健说那就是用了皮冻的缘故。

而且更为重要的是，肉和笋的馅调好之后，无论是烧麦还是馄饨，都是现包现烧，这个口感自然是第一位的。而且主打产品笋尖烧麦一客六只只要十元，十只是十五元，蛋黄烧麦十只是十九元，鲜虾烧麦十只是二十三元，集四种大成的全家福烧麦十只是二十元，这样的价格是能够为工薪阶层所接受的。而馄饨也是这样，一种小馄饨，一种大馄饨，按馅料可以分五种：鲜肉、笋尖、荠菜、芹菜和香菇。那都是杭州人喜欢的。而大馄饨的价格都在二十元之内，只有后来推出的虾仁鲜肉大馄饨，价格才到了二十五元。一般成年人的食量，一客烧麦加一碗小馄饨，价格就在二十元左右，应该说吃得比一餐盒饭还要舒服了。

3

宝一隆一开张,第一批顾客从第一天吃起,一直吃到今天,三年多了,也不会吃厌,而且大有进行到底的味道。

原因很简单,吃客们的普遍反应是:味道好,价格公道,而且看得出来十分卫生。

因为店面小,后厨也小,所以烧麦和馄饨的整个包制过程都是透明的。有的时候洗菜什么的,也只能在店门口对付一下。比如说洗葱,居民们看到这个店里的葱是一根一根洗的,于是就很放心。

开在小区的店就是这样的,就怕一开始很香,但慢慢新鲜劲过去,也就不那么香,不那么吸引顾客了。宝一隆不是这样。黄健说,居民们已经把这里当茶馆一样了,每天早上六点半开门,就有顾客要来坐一歇吃一碗馄饨。老年人起得早,有的六点不到,就等在店门口了。有的是一圈锻炼下来再来这里。来这里不仅仅是吃早饭,还有社交的功能,所以某种程度上说,这里还是信息集散地,如小镇上的茶馆一样。黄健说,这里的市面信息远比手机上的要多,而且还颇接地气。

也有的一天三餐都到店里来,所以黄健说,每个顾客他都是认识的,不用对方说要吃什么,他就清楚的。还有的来买现包的,回去自己烧。因为各方面条件的限制,到目前为止,社区还没有开出幸福食堂,因此从某种程度上讲,宝一隆也担起了社区食堂的责任。这一点社区也是看在眼里的。黄健说,社区对他们也很关注和照顾,也给他们做过推文,店里用电发生问题了，社区也都会出面帮忙解决。

老社区老年人多，居家养老的也多，其中有不少是独居老人，有的是有孩子，但平时不跟孩子住在一起。有一位徐奶奶，八十多岁了，前些年都是一个人慢慢踱到店里来吃馄饨，因为是之前店面的格局，门口的台阶比较高，黄健他们只要看到徐奶奶过来，都会出去搀扶一下，徐奶奶也把这里当作食堂一样了。后来徐奶奶的腿脚更为不便了，有时一个电话过来，黄健他们便会把馄饨等老人喜欢的食物送上门去。再后来，徐奶奶的儿子来告知黄健，老人家走了，并且表示了感谢，邀请他们去吃"豆腐饭"。黄健说，我们遇到的大多是陌生人，但通过一个店，通过一客烧麦一碗馄饨，与陌生人建立起了一种感情，这就是人间值得，是在金钱之外的额外回报。他们享受着这种感情，并且努力想把宝一隆做得更好。

4

我和黄健聊天时，是下午三四点钟的时候，这是一天中店里最空的时候，不过仍有零散的顾客来点吃的，且这个时候过来的都是年轻人。我见店中有个高高大大的小伙子在忙着张罗，于是我提出要跟他聊几句。

小伙子名叫凌冬雪，乍一听以为是个网名，河南周口人，2002年生人，四五年前来到杭州打工。一开始是在烧烤店里打工。他的一个朋友最早在宝一隆做过，对他说这个店的老板不错，于是他过来做了，一做就是三年多。黄健说店里像冬雪这样的伙计还有不少，即从一开始就做到今天的，人员很是稳定。

  凌冬雪说，自己倒也没有特意记，但每天烧个两三百碗是有的。来的时候是瘦高个，一米八几的个子，现在肉都鼓出来了，体重超过了一百九十。他说到宝一隆之后，生活很有规律，如果是早班，那每天早上六点半上班，如果是做晚班，就是每天晚上八点半下班。店里为他们在小区里租了集体宿舍，这样能够省下一笔租房子的钱……这时黄健补充说，冬雪很懂事的，现在每个月能够给家里汇上四千元钱，这是非常不容易的。冬雪也说现在开销不大，一日三餐也基本是在店里吃的。

  冬雪说，而且好像是被逼着说出来的，说以后的想法也是开个小店，但现在还没有这个条件。

  黄健说，虽然一开始困难也很多，但总体看比想象的要好，除了在朝晖这一家之外，又连续开出了三家，一家开在沈塘桥，一家开在景昙路，还有一家开在三塘的西联广场。都是自己开的，自己和夫人各镇守一家，另两家实行店长制。而且网上的评价也都很实实在在的，对三塘店的评价是"馄饨的味道还不错的，肉量还是挺实在的"，对沈塘桥店的评价是"烧麦口感丰富，味道不错"，对景昙店的评价是"芹菜鲜肉小馄饨，很新鲜"。

  能取得这样的口碑，黄健觉得还是很不容易的。这一两年也有人找上门来希望加盟宝一隆，黄健都一一谢绝了，他说自己还没有品牌输出的实力，而且质量也不好把控。店员开玩笑说，把白白送上门来的钱给退了回去。

"自己有几斤几两,自己要有数",黄健对此是很有自知之明的。他觉得店小一点没有关系,但要开成百年老店就不容易了。这阵子以来,店里也在推新品,比如从去年冬天开始推出了砂锅系列,包括小馄饨煲、虾仁粉丝煲、牛杂粉丝煲、牛肉粉丝煲。这些砂锅煲的推出,特别受年轻人的欢迎。不过黄健强调,宝一隆的根本,还是烧麦和馄饨,因为他深知自己服务的是什么人,这是四个店的基本面,但可能会有一点点的微调。对此,黄健除了要管好这四个店之外,还保持着足够的市场敏感,只要杭州城里出现好吃的烧麦和馄饨,他都会第一时间去学习取经。黄健说,知己知彼,才能让宝一隆永远生意兴隆。

山外事外事

张晓飞

【运河广阔,适合喝茶,适合观照内心。】

1

北宋大儒程颢有诗云:"万物静观皆自得,四时佳兴与人同。"他这一句很有回甘的秋日体悟,用来形容菲菲的生活状态十分贴切。

菲菲是运河边"山外事"茶文化空间的店员,小姑娘开朗、活泼、甘甜,店里的其他小伙伴这样描述她只觉得还不足够,定要在这些词前面统统加上"超级"。超级开朗、超级活泼、超级甘甜的菲菲是大家的开心果,每次她一出现一开口,总能让大家感到热闹且松弛,让店里寂静的气氛变得阳光又欢乐。

小伙伴们乐呵呵地称菲菲为"小作家",大家同样在这里工作,唯有她有心去留意和发现许多有意思的令人难忘的客人。

有一位客人常来店里喝茶,每次都会喝龙井,而且只喝龙井,他一来,小伙伴们都热情地跟他打招呼——"龙井哥哥来咯"。这位客人答:"来啦。"一坐整整一下午。菲菲后来明白是他的女朋友从远方来杭州在"山外事"附近出差,只要他的女朋友来出差,这位客人就一定来喝龙井。半年后,客人的女朋友常来出差的工作结束了,小伙伴们没再看到过这位客人来喝龙井,大家时不时相互说起,都表示倒是都有些想念"龙井哥"了。他虽然没再来店里,但他对女朋友那些日子无声的陪伴,像是一直留在了店里,总让人感到有一种静默的温暖,让每个人都觉得心里踏实。

还有一位客人,在一个晚上独自来店里喝茶,点了一壶茶坐在屏风后面,开始"暴风"哭泣。小伙伴们手足无措,想安慰他,无法获知他在生活里遭遇了什么样的难题,不知道该怎么安慰;不安慰吧,看他一个人哭泣又觉得怪难过的。管也不是,不管又不忍,陷入两难的境地让菲菲心里感到难过。要打烊了,小伙伴们要离开了,菲菲默默地在前台坐着,留一盏灯给这位客人,陪着他。这之后,菲菲在书本里和社交软件上各处搜罗安慰人的法子,让她感到宽慰的是,往后没有再碰到类似的客人。菲菲沿着运河边走,看着来往的船只,她懂得了,每个人的生活可能都会遇到险境和风暴,以及风帆和甲板都无法承受的强大压力。人与自己、人与他人、人与自然、人与一切关系,都需要一个空间去舒缓,否则在生活中构建起来的一切都将土崩瓦解。这让她感到自己的工作有价值,有意义,对于生活,她也有了不一样的感受。

运河广阔,适合喝茶,适合观照内心,所以许多客人来到"山外事"。客人知道这里的茶好,一款好茶离不开茶人的用心。菲菲与小伙伴每天最重要也最快乐的事,就是在空闲的时间一起坐在吧台,共同品鉴各式各样的茶,这样的时刻,是探讨及提升茶艺,也是忙碌过后给自己充充电。这样的时刻,是菲菲心中的可贵时光,不管是同事之间还是主客之间,都因此有了从点头之交变成"高山流水"的可能性。一位喜欢回甘蜜甜的茶友,有一天来店里买红茶喝,当值的小伙伴向她推荐了蜜桃香正山小种,这位客人试了一下茶,暂时没有买,当时客人给出的理由是觉得这款茶不够甜。这可激活了小伙伴们精心打磨产品的热情,客人离开后,菲菲跟小伙伴们一起坐在吧台反复冲泡正山小种,直到每个人都公认说甜才消停。

2

"山外事"的主理人朱子珍藏有一款很令他感到骄傲的茶,他对这款好茶的定义叫"好玩"——没产量,特别难寻,但带给茶客一种独特的滋味,一种完全不一样的体验感。他珍视它的来源，生长在野竹林里的一片野地，野得不能再野。这一片长在荒无人烟的林子里的茶树，是被一位农妇发现的。人踩进竹林里，遍地腐烂的竹子、木头、野草。这里的茶树跟平日里常见的连绵茶山不同，茶山上种植的茶树所缺失的，恰是这种野茶地可贵的植物多样性。独特的制作工艺，使这款茶产生奇异的香味。这些都是朱子定义的好玩与珍贵。客人问他这款茶出到多少钱可以买走，他不肯卖，只跟有缘有福的人分享这款茶。他说，这就像写作者发现了极为可贵的素材，作曲家获得了转瞬即逝的灵感，辅以精湛的创作技艺，去完成一件作品，这样的礼物是大自然的馈赠，是只舍得分享不忍心售卖的。

久石让说，作曲家创作出的音乐若想让人愿意聆听，非常重要的一点就是得让身为头号听众的自己感到喜悦。因此，作曲家的目标应时时放在创作能让自己感到兴奋的作品上。朱子创造这一款茶时的感受，跟久石让创作一首曲子的心得，想必是接近的。

朱子的好朋友中，乐友比茶友多。"山外事"不仅仅是茶空间，亦是一处文艺生活美学空间。在茶事之外，常有音乐艺术活动在这里举办。在一次尺八分享会上，全国各地的朋友来到杭州，他们是"山外事"的客人，也是喜爱尺八的艺术家。当他们手中尺八的乐音响起，宛如穿越千年的风，轻轻拂过眼前的运河，带着难以名状的宁静与深远，时而如山涧清泉，清澈而纯净，时而如秋夜微风，柔和而细腻。每一个音符都像是精心雕琢的宝石，闪烁着神秘的光芒，让人沉醉于它所营造的意境之中。菲菲和小伙伴们听得入迷，它似乎能够穿透心灵的屏障，触及人心深处最柔软的部分。它的旋律，不仅仅是一种听觉上的享受，更是一种精神上的抚慰，让人感受到超脱尘世的宁静，与山河和谐共存的平和。它的音色，独特而富有变化，表达出最为细腻的情感，从深沉的哀愁到淡淡的喜悦，从激昂的热情到宁静的沉思，每一种情感都能通过尺八的吹奏得到完美的诠释。尺八的乐音，流淌在千年运河之畔，让每一位来往的人从中聆听到历史的回声，感受到岁月的流转与浮沉。这样的音乐活动，是"山外事"对传统的传承和艺术的致敬。客人每一次聆听，都是对自己心灵深处的一场疗愈。

　　远方的客人来到杭州，来到"山外事"，给菲菲留下很深的印象。一位女士到杭城来旅游，走着走着到了"山外事"，菲菲带着这位客人在店里参观，浅浅地轻聊，发现她对于茶道、香道非常感兴趣。参观到店里布景的凉亭时，客人给出金点子，譬如说这个凉亭很适合评弹。菲菲很开心，体会到一种店里精心设计过的小细节被同频的人看到的默契，心里的一点喜悦就被点亮了。打造空间时，主理人朱子特地去德清找来老木料和老师傅，用传统榫卯结构在室内做了两间亭子，以亭为台，载歌载舞，复刻小桥流水，配合微水泥的调色墙，温和古朴，如回到山野小屋，别有韵趣。之后聊到茶，同样可以感受到来客的热情。这位客人不常来杭州，菲菲觉得有些可惜，遗憾无法经常与她面对面交流茶道。这位客人的认同，给了店里对于文化营造和布景方面的信心。在上班的时候遇到一位这样的客人，对大伙儿来说虽然是一件小事，却值得大家心里高兴好些日子。对游客来说，旅行的意义有许多种，拥抱新鲜，忘却烦恼和压力，看看其他地方的人怎样生活，引入活水去搅动重复无聊的日常或困境。对菲菲来说，游客告别杭州，离开"山外事"，带走对这个城市的美好记忆的同时，也把各自的生命经验和审美带进杭城来，这样的交流显得格外可贵。

3

菲菲通勤的时间只要五分钟，沿着运河走一走，吹吹风，就到了"山外事"。拥挤在上下班途中、刷着手机屏幕上房产推文里动不动写无论到哪里上班都是"一脚油门半个小时就到了"的奔波人，无法体会这样的闲适心情。

菲菲跟小伙伴两个人合租一间宿舍，有独立厨房和卫生间，下班后在家休息时，也会一起喝喝茶聊聊天，讲一讲新闻里的小八卦，讨论最近有什么想买的小东西。人是活在心境中，而非环境中。对菲菲来说，无论是工作间还是生活间，环境都成了心境的延展。刚刚毕业不久的她，坚守着在校园学茶文化时的认真——譬如泡红茶，特别是金骏眉这种嫩度比较高的，水温要稍低一些，大概在九十至九十五摄氏度，让茶叶滚起来滋味感会更强。再说岩茶，虽然盖碗是万能的泡茶器具，对每个茶类都适合，但岩茶若用紫砂壶泡出来，滋味跟盖碗泡出来稍有不同。紫砂壶气密性较强，且须用一百摄氏度沸水冲泡，岩茶的岩骨花香才能迸发出来。烧开水的时候，铁壶能确保烧到一百摄氏度以上，多数电壶并不能完全烧到一百摄氏度，所以用铁壶烧开的水冲泡出来的岩茶会更加顺滑。还有白茶，新的白茶宜冲泡，老的白茶比较适合闷泡或者煮着喝。器具也有讲究。煮茶的时候用玻璃壶居多，因为玻璃透明，可以看到茶叶在壶里的形态，包括水开没开，有没有煮浓厚，都可以及时进行调整。

菲菲只有二十岁，泡起茶来时，她的动作轻盈而熟练，每一个手势都透露出青春的活力和朝气。她的手指在茶具间游走，如同蝴蝶在花间翩翩起舞，优雅而不失灵动。她的眼神专注而澄澈，能解读与洞察茶水的每一丝变化，这时又展现出一种超越实际年龄的成熟与稳重，以及气定神闲。

菲菲爱读茶书，有茶圣陆羽的《茶经》、有王旭烽老师的《茶，一片树叶的故事》等。在店里的书架上，她读到了《武夷茶经》，那是一本系统性记录武夷茶的书籍，她在店里泡茶时，就会用到这本书里的记载，书本上的理论和经验与茶客的感受相结合，让她在泡茶的时候做到有松有紧，张弛有度。她爱笑，她的每一次微笑都伴随着茶香的扩散，让人感受到甜美和温暖。

菲菲说，茶不仅仅是解渴的饮料汤水，更是一种交流的方式。泡茶时跟客人的交谈，可以传递茶文化，也可以拉近彼此的距离，让对方放松下来，一起在快节奏的时代在"山外事"找到慢下来的当下。她的面庞在缭绕茶香的熏陶下，显得愈发清新脱俗，如同一朵含苞待放的莲花，纯洁而高雅。她的呼吸平稳，随着茶香的节奏，展现出一种从容不迫的气度，让人感受到真正的内在平和。

她的存在本身就是一幅静美的画,与茶的香气、汤水的流动、茶具的光泽相得益彰,辉映成一幅和谐的剪影。桌、椅、灯,草、木、花,家、国、天下,不过都是她的背景,她是天地间独一无二的茶仙子。

4

菲菲与"山外事"的缘分,起源于在实习校招会遇到了主理人朱子老师,因为想要在实习的同时准备其他考试,其他单位没有接受菲菲的实习申请,但"山外事"给了她一个机会实习,并允许她在备考的时候离开了几个月,考试完成之后回来继续上班了。

主理人朱子的住处同样也不远,摇号选房的时候他选了一个二楼,他的顺序号不排在前面,但选二楼也并非他不情愿的选择,相反,他十分乐意。他非常明白二楼这个楼层是被前面的购房者主动放弃掉的,这正是他心中想要的。购房者常规的想法有不少讲究,都想买特别的楼层,选七楼、九楼、十五楼,不选四楼、十四楼、十八楼……各有各的说法和讲究。朱子学建筑出身,他从图纸上早已洞悉了二楼的独特优势——价格优势,宽阔的独一无二的阳台和露台,方便的停车位,对草木和花园的热爱,儿子在地面上可以自由地跑跳而不影响到楼下的邻居……所有这些,都是他想要的自由。在这个过程中,他发现我们面对的这个社会,它没有想得那么严谨,没有想得那么循规蹈矩，其实只要是你找到一些世人常规想法以外的东西，都可以去找到它的闪光点或者是独特优点，而且会省下许多财力、精力和努力。

机会无处不在，在于你的选择。朱子这样说。

朱子在校时担任艺术团负责人，带队赴德国、罗马尼亚等国家宣传中华传统文化，访问交流使他的胸襟和眼界得到拓宽。从离开校园的第一天，他就从未想过去打工，始终坚持只做自己喜欢的音乐、喜欢的茶，一直从事着文化事业。他的太太是他的大学同学，十年来一直在身边支持着他的事业。太太是福建武夷山人，书香门第，茶世家。她从源头把控好店里茶叶的品质和成本，把最具性价比的一碗茶呈给客人。朱子钟情于家族式的经营美学，且有着鲜明的作品意识，耐心、沉静，希望家族里一代又一代人持续努力，营造出一个小而美的茶品牌。他说起这些的时候，有一种拍匠人纪录片时画面里所呈现的沉静腔调和唯美气息。

5

今天的许多年轻人说到工作和生活时，总似有很严格的某种对立或割裂，区分出一种十分明显的情绪。工作和事业本为我们人生的重要组成部分，却变成一种无法让生命舒展与从容的障碍和矛盾。在菲菲身上，在朱子眼里，都读不到这样的苦愁。"山外事"使用多种人工智能技术管理着店里的运营，从人员招聘到财务分析，从活动企划到孩子家长会的发言稿，都在积极尝试前沿的科技和全新的工具，与当下世界的点点滴滴都紧密连接着。在聊到这些新技术新话题时，从这些年轻人身上所感受到的热情，与跟厂矿上的父辈茶余饭后聊起燃烧过他们青春的激情岁月时的感受，又仿佛是根本相似的——"高高兴兴上班去，平平安安回家来""厂里也是家里，工友也是亲人"。

杭州的人口近年来持续增加，四面八方的人汇聚到运河两岸，许多的家庭与家族重组，不同的文化持续交融碰撞，科技、商业都产生了许多新变化，能在这个城市扎下根来，工作、生活，其实不是一件容易的事。这样的一处空间所在，能够支撑起朱子的小家庭、年轻的毕业生菲菲和其他小伙伴们的共同热爱与日常生活，安之若素，何其美好。常有同行或茶友来探店学习，朱子也计划在西班牙和泰国开出两家分店，把运河边的茶生活复制到海外。

"山外事"的空间有上下两层，装修时朱子在二楼露台上拾到年代久远的宋时残瓦片，这片土地所承载的时间的幽深与空间的宏阔令他感到惊叹。江南多烟雨，闲时听雨，浅浅涟漪，带给他独特的深思和远悟。客人走进店里，瞅到墙边一面古锣，角落一尊静佛，也感到动静张弛，心安气定，凝神喜乐。

夜里，人声渐淡，月亮升上来。菲菲静静地坐在窗前，聆听夜风的低语，感受自然的宁静。店里西面左侧的墙壁边，有满架子书，她拿起一本，沉浸在文字或书画的世界里。读累了，走上露台去，抬头望月。

银色的月光洒在"山外事"白色的墙壁上，好白的月，好白的夜。

银色的月光洒满运河的水面，有船只来往，搅动起人间摇晃的水，宁静的心终将其澄清。

创作团队

周华诚（稻田工作者，作家，独立出版人。中国作家协会会员。"父亲的水稻田"创始人。在《人民文学》《中国作家》《散文》等报刊发表作品逾百万字。已出版作品《仪式：节气风物之美》《流水辞》《不如吃茶看花》《德寿宫八百年》等二十余种。获三毛散文奖、浙江省优秀文学作品奖、中国百本自然好书奖等。主编"雅活书系""我们的日常之美书系""稻田氧气书系"等，推出众多畅销书。）

孙昌建（作家，诗人，浙江省作家协会诗歌委员会主任，著有《江河万古流》《鹰从笕桥起飞》等）

陈曼冬（作家，杭州市作家协会秘书长，著有《科学文明坐标：沈括》《见证：使命与方向》等）

王　寒（作家，著有《浙江有意思》《东海寻鲜》等）

许丽虹（作家，著有《古珠之美》）

张小末（作家，诗人，著有《致某某》《生活的修辞学》）

半　文（作家，著有《故乡的腔调：沙地土话与生活日常》）

于　佳（作家，《杭州日报》文化记者）

宛小诺（作家，旅行达人，著有《喜欢自己，世界才会喜欢你》《高黎贡山下雪了吗》）

李　晚（资深媒体人，代表作《李琳：不过瘾的人生》）

章衣萍（作家，潜水达人，著有《水下三千米》）

郑国芬（作家，著有《四时花朵作陪》）

邱仙萍（资深媒体人，著有《向泥而生》《飞花令》等）

何婉玲（作家，著有《四时的风雅：唐诗里的日常之美》《山野的日常》）

松　三（作家，编辑，著有《古玩的江湖》）

吴卓平（资深文化记者，著有《杭州：钱塘风物好》）

张晓飞（作家，文艺评论家，代表作《孤独的掌声》《大湖变迁中的磅礴与安宁》）

金夏辉（编辑，从事文艺评论等）

图书在版编目（CIP）数据

运河光阴志 / 拱墅区大运河文化研究院编；周华诚主编. -- 杭州：西泠印社出版社，2024. 12. -- ISBN 978-7-5508-4686-9

Ⅰ．K928.42

中国国家版本馆CIP数据核字第2024FL7003号

运河光阴志

拱墅区大运河文化研究院　编

周华诚　主编

责任编辑	张月好
责任出版	杨飞凤
责任校对	应俏婷
装帧设计	刘远山
出版发行	西泠印社出版社
	（杭州市西湖文化广场32号5楼　邮政编码310014）
经　　销	全国新华书店
制　　版	杭州如一图文制作有限公司
印　　刷	浙江海虹彩色印务有限公司
开　　本	710mm×1000mm　1/16
印　　张	16
印　　数	0 001-2000
书　　号	ISBN 978-7-5508-4686-9
版　　次	2024年12月第1版　第1次印刷
定　　价	108.00元

版权所有　翻印必究　印制差错　负责调换

西泠印社出版社发行部联系方式：（0571）87243079